山本浩司の automa system

試験に出る ひながた集

商業登記法

オートマ実行委員会
代表 **山本浩司**

早稲田経営出版
TAC PUBLISHING Group

まえがき

　当たり前のことが当たり前に書ければ受かる。

　これがけっこうむつかしい。

　本試験には鬼が棲むといいますが、みんなアタマ真っ白でね、いつもなら書けることでも、書けないんだなあ。これが。

　はい、時間切れ。

　はたまた、気持ちが宙に浮いたから。

　そういうことで、もうちょっとで受かるはずが受からなかった無念の声をどれほど聞いたことか。

　これはね。本人も無念だろうが、私たちだってとても悔しいんだよ。

　そこで、素振りです。これが大事なんです。

　野球で言うじゃないですか。

　絶好の機会に三振したひいきチームの選手にそのファンのみなさまが。

　「こらぁ。ぼけぇ。素振りしとったんかぁ」

　そうです。

　素振りせんとイザってときに力はでんのです。

　基本が大事であって、野球だけじゃない、実力者というのは、人一倍、基本がしっかりしている人のことなんです。

　そこでね、無念なことがないように、今回、記述式の基本の基本を精魂込めて本書をお作りいたしました。

　本書の作成が、みなさまの合格のお役に立つことができればありがたき幸せであります。

オートマ実行委員会

山本浩司

西垣哲也

第5版刊行にあたって

　令和6年4月1日時点の最新の法令および通達に基づいて、電子提供措置に関する登記や支店所在地の登記の廃止などを反映するとともに、株式会社の役員変更登記の一部を加筆し、持分会社（合同会社）に関する登記を追加して、今般、第5版を出版することとなりました。

　今後とも、本書をご愛顧のほどよろしくお願いいたします。そして、読者のみなさまの短期合格を心よりお祈り申し上げております。

令和6年5月　　オートマ実行委員会

本書の使いかた

No.2-1 公告をする方法の変更

公告をする方法を変更したときの申請書。

【完了後の登記記録例】

会社法人等番号	1234-56-789012	
商 号	オートマ商事株式会社	
本 店	東京都A区B町一丁目1番1号	
公告をする方法	官報に掲載してする	
	東京都において発行する日本新聞に掲載してする	令和何年何月何日変更
		令和何年何月何日登記
会社成立の年月日	令和何年何月何日	
目 的	1 インテリアショップの経営 2 雑貨の販売 3 前各号に附帯する一切の事業	

🐕 One Point + 公告方法は登記事項

1 公告方法を定款で定めている場合、その変更には、株主総会の特別決議による定款変更の手続を要します（会社法939条1項、309条2項11号）。
2 定款に公告方法の定めがないときは、会社の公告方法は官報に掲載する方法となります（会社法939条4項）。

第1 商号等の変更 (本店以外の商号～目的までの変更登記)

【申請書】 登録免許税 区分 ツ

登記の事由　　　公告をする方法の変更
登記すべき事項
　　令和何年何月何日次のとおり変更　＊
　　　公告をする方法
　　　東京都において発行する日本新聞に掲載してする
登録免許税　　金3万円
添付書類　　株主総会議事録　　　1通
　　　　　　株主リスト　　　　　1通
　　　　　　委任状　　　　　　　1通

＊ 次のような公告方法も登記することができる。赤文字の部分に注目しよう。

登記すべき事項
　　令和何年何月何日次のとおり変更
　　　公告をする方法
　　　官報及び東京都において発行される日本新聞に掲載してする

これに対し、「官報または東京都において～」という公告方法は、登記できない（先例大5.12.19-1952）。

司法書士試験の記述式の問題では、登記の申請書に記載すべき内容のうち、登記の事由、登記すべき事項、登録免許税（課税標準金額を含む）、添付書類等の記載が求められます。このため、No.2-1以降の申請書では、試験に必要な箇所のみを「ひながた」として示していきます。

No.3 貸借対照表に係る情報の提供を受けるために必要な事項の登記

公告方法を官報と定めている株式会社が、貸借対照表に係る情報の提供を受けるために必要な事項を定めたときの申請書。

【完了後の登記記録例】

会社法人等番号	1234-56-789012	
商 号	オートマ商事株式会社	
本 店	東京都A区B町一丁目1番1号	
公告をする方法	官報に掲載してする	
貸借対照表に係る情報の提供を受けるために必要な事項	http://www.automatic.co.jp/kessan/index.html	令和何年何月何日設定
		令和何年何月何日登記
会社成立の年月日	令和何年何月何日	
目 的	1 インテリアショップの経営 2 雑貨の販売 3 前各号に附帯する一切の事業	

※ この登記は、「公告をする方法」とは別の欄に登記する。

🐕 One Point + 登記の事由の書き方も正確に覚えよう

1 貸借対照表の公告をインターネットで開示する措置をとることができる会社は、公告方法を官報または日刊新聞紙とする株式会社です（会社法440条3項・2項）。必ず公告方法を確認しましょう。
2 会社法440条3項の措置をとる会社が、公告方法を電子公告に変更したときは、「貸借対照表に係る情報の提供を受けるために必要な事項」の登記を、登記官が職権で抹消します（商業登記規則71条）。

1　試験に出る「ひながた」を厳選×豊富な登記記録例 ＋見やすい見開き構成

①本書は、記述式試験を解くための基礎である申請書の「ひながた」の習得に特化した「ひながた」の学習書です。そのため、試験に必要な「ひながた」のみに限定してあります。

②本書では、原則として、左のページに設例と【完了後の登記記録例】を示し、右のページに登記の申請書のひながたを示す、という見開きの構成としています。また、それぞれの設例のポイントを、One Pointとして示してあります。そこに書いてあることを念頭に置きながら、申請書のひながたを学習していきましょう。

2　見て覚える＋実際にひながたを書いてみる ＝2ステップ方式で学習効果はバツグン！

ステップ1

まずは、設例と【完了後の登記記録例】を見て、この登記をしたときの申請書のひながたを目で覚えましょう。コンパクトサイズで、見やすい見開き構成だから、空いた時間を利用して何回も確認することができます。

ステップ2

次に、付録の「ひながた書きこみ用練習シート」を使って、実際に申請書を書いてみましょう。「練習シート」は、近年の出題傾向にあわせて、いくつかのパターンを用意しています。必要に応じて、コピーして使ってください。ステップ①で覚えたひながたを、本試験形式の答案用紙を使って書くことで、効率的かつ実践的に身につけていきましょう。

この2ステップの繰り返しが、ひながた習得のコツです。

目 次

序　章

序章 株式会社の基本的な登記記録例

　まずは、株式会社の基本的な登記記録例を掲げます。株式会社は、登記をすることによって成立し、以後、登記の内容に変更が生じれば、その変更登記をします。大まかにいえば、これが商業登記です。本書は、司法書士試験の合格に必要な商業登記の申請書のひながたの習得に特化した学習書です。そのため、必要な添付書面の記載も必要最小限にとどめてあります。詳細は六法や、オートマシステムなどのお手元のテキストをご参照ください。

会社法人等番号	１２３４－５６－７８９０１２
商　号	オートマシステム株式会社
本　店	東京都Ａ区Ｂ町一丁目１番１号
電子提供措置に関する規定	当会社は、株主総会の招集に際し、株主総会参考書類等の内容である情報について、電子提供措置をとるものとする。
公告をする方法	官報に掲載してする
会社成立の年月日	令和何年何月何日
目　的	１　インテリアショップの経営 ２　雑貨の販売 ３　前各号に附帯する一切の事業
発行可能株式総数	５０００株
発行済株式の総数並びに種類及び数	発行済株式の総数 　２０００株
株券を発行する旨の定め	当会社の株式については、株券を発行する。
資本金の額	金５０００万円
株式の譲渡制限に関する規定	当会社の株式を譲渡により取得するには、当会社の承認を要する
株主名簿管理人の氏名又は名称及び住所並びに営業所	東京都何区何町一丁目１番１号 ＵＳＪ信託株式会社本店

役員に関する事項	取締役 　山　本　一　郎
	取締役 　甲　野　太　郎
	取締役 　乙　野　次　郎
	何市何町何丁目何番何号 代表取締役 　山　本　一　郎
	監査役 　丙　野　三　郎
支配人に関する事項	何市何町何丁目何番何号 春　野　弥　生 営業所 　東京都Ａ区Ｂ町一丁目１番１号
支　店	1 大阪市何区何町１５番地
	2 名古屋市何区何町四丁目３番１号
取締役会設置会社に関する事項	取締役会設置会社
監査役設置会社に関する事項	監査役設置会社
登記記録に関する事項	設立 　　　　　　　　　　令和何年何月何日登記

One Point◆ 本書の構成

　第１編の株式会社の登記では、商号〜目的、株式、役員など、登記記録の一定のエリアごとに分けて、申請書を掲げてあります。申請書をスラスラ書けるように、何回も繰り返し学習してください。また、以下、特に断りがない限り、定款には会社法の規定と異なる別段の定めはないものとし、かつ、書面で登記を申請するものとします。

株式会社の
登記

No.1 商号の変更

株式会社が商号を変更したときの申請書。

【完了後の登記記録例】

会社法人等番号	１２３４－５６－７８９０１２	
商　　号	~~山本商事株式会社~~	
	オートマ商事株式会社	令和何年何月何日変更
		令和何年何月何日登記
本　　店	東京都Ａ区Ｂ町一丁目１番１号	
公告をする方法	官報に掲載してする	
会社成立の年月日	令和何年何月何日	
目　　的	1　インテリアショップの経営 2　雑貨の販売 3　前各号に附帯する一切の事業	

One Point ◆ 商号は定款の絶対的記載事項

商号の変更には、株主総会の特別決議による定款変更の手続を要します（会社法27条2号、309条2項11号）。この場合、申請書には、株主総会議事録を添付します（商業登記法46条2項）。　添付書面

このように、会社法で規定する手続がそのまま登記の添付書面となるものを、以下、One Point の中で 添付書面 アイコンとして示していきます。

【申請書】

```
                株式会社変更登記申請書
  1. 会社法人等番号   1234-56-789012
     フリガナ        ヤマモトショウジ
  1. 商  号         山本商事株式会社    ＊1
     フリガナ        オートマショウジ
     （新商号        オートマ商事株式会社）
  1. 本  店         東京都A区B町一丁目1番1号
  1. 登記の事由      商号の変更
  1. 登記すべき事項   令和何年何月何日次のとおり変更
                 商号  オートマ商事株式会社
  1. 登録免許税      金3万円（ツ）   ＊2
  1. 添付書面       株主総会議事録         1通
                 株主リスト           1通    ＊3
                 委任状             1通
  上記のとおり登記の申請をします。
  令和何年何月何日
    東京都A区B町一丁目1番1号
    申請人  オートマ商事株式会社    ＊4
    何市何町何丁目何番何号
    代表取締役    山本一郎
    何市何町何丁目何番何号
    上記代理人  司法書士  法務律子  ㊞
    連絡先の電話番号  12-3456-7890
  東京法務局  御中
```

＊1　申請書の「商号」の部分には、変更前の商号とその上部に法人名のフリガナを記載する。また、新商号とそのフリガナも併せて記載する。

＊2　登録免許税は、申請1件につき金3万円である（ツ区分）。ツの区分は、「登記事項変更」分である。商業登記では、ツの区分のものが圧倒的に多いため、ツの区分以外のものを覚えるのがコツである。付録の登録免許税一覧表を活用して、登録免許税を正確に計算できるようにしよう。

＊3　「株主の氏名又は名称、住所及び議決権数等を証する書面（株主リスト）」を添付する。以下、本書では、「株主リスト　　何通」と示すこととする。

＊4　申請人欄には新商号を記載する。

公告をする方法の変更

公告をする方法を変更したときの申請書。

【完了後の登記記録例】

会社法人等番号	１２３４－５６－７８９０１２	
商　　号	オートマ商事株式会社	
本　　店	東京都Ａ区Ｂ町一丁目１番１号	
公告をする方法	官報に掲載してする	
	東京都において発行する日本新聞に掲載してする	令和何年何月何日変更
		令和何年何月何日登記
会社成立の年月日	令和何年何月何日	
目　　的	1　インテリアショップの経営 2　雑貨の販売 3　前各号に附帯する一切の事業	

🐕 **One Point ◆ 公告方法は登記事項**

1　公告方法を定款で定めている場合、その変更には、株主総会の特別決議による定款変更の手続を要します（会社法939条1項、309条2項11号）。　添付書面

2　定款に公告方法の定めがないときは、会社の公告方法は官報に掲載する方法となります（会社法939条4項）。

【申請書】

登記の事由　　　公告をする方法の変更

登記すべき事項

　　　令和何年何月何日次のとおり変更　　　＊

　　　公告をする方法

　　　　東京都において発行する日本新聞に掲載してする

登録免許税　金3万円（ツ）

添付書面　　株主総会議事録　　　　　1通

　　　　　　株主リスト　　　　　　　1通

　　　　　　委任状　　　　　　　　　1通

＊　次のような公告方法も登記することができる。赤文字の部分に注目しよう。

登記すべき事項

　　　令和何年何月何日次のとおり変更

　　　公告をする方法

　　　　官報及び東京都において発行される日本新聞に掲載してする

これに対し、「官報**または**東京都において〜」という公告方法は、登記できない（先例大5.12.19-1952）。

　司法書士試験の記述式の問題では、登記の申請書に記載すべき内容のうち、登記の事由、登記すべき事項、登録免許税（課税標準金額を含む）、添付書面の記載が求められます。このため、No.2-1以降の申請書では、試験に必要な箇所のみを「ひながた」として示していきます。

公告をする方法の変更
（公告方法を電子公告とする場合）

公告をする方法を、電子公告に変更したときの申請書。

【完了後の登記記録例】

公告をする方法	官報に掲載してする	
	電子公告の方法により行う。 http://www.automatic.co.jp/koukoku/index.html	令和何年何月何日変更
		令和何年何月何日登記

【申請書】

> 登記の事由　　　　公告をする方法の変更
> 登記すべき事項
> 　　　令和何年何月何日次のとおり変更　　＊1
> 　　　　公告をする方法
> 　　　　電子公告の方法により行う。
> 　　　　http://www.automatic.co.jp/koukoku/index.html
> 登録免許税　金３万円（ツ）
> 添付書面　　株主総会議事録　　　　１通　　＊2
> 　　　　　　株主リスト　　　　　　１通
> 　　　　　　委任状　　　　　　　　１通

＊1　公告方法を電子公告とするときは、定款には「電子公告の方法により行う」と定めればよく、具体的なＵＲＬまで定めることを要しない。

＊2　定款変更をした株主総会議事録を添付する（商業登記法46条２項）。なお、具体的なＵＲＬは代表取締役等が定めることができ、その決定手続についての添付書面は不要である。

One Point ◆ 電子公告のその他の登記記録例

1 予備的な公告方法を定めたときの登記記録例（会社法939条3項後段）

公告をする方法	電子公告の方法により行う。 http://www.automatic.co.jp/ koukoku/index.html 当会社の公告は、電子公告による公告をすることができない事故その他のやむを得ない事由が生じた場合には、官報に掲載してする。

2 貸借対照表の公告アドレスを別に定めたときの登記記録例

公告をする方法	電子公告の方法により行う。 http://www.automatic.co.jp/ koukoku/index.html 貸借対照表の公告 http://www.automatic.co.jp/ kessan/index.html

電子公告を公告方法とする株式会社は、公告をする方法として、通常の電子公告のためのウェブページのアドレスとは別に、貸借対照表に係る情報の提供を受けるためのウェブページのアドレスを登記することができます（会社法施行規則220条2項）。

公告方法を官報と定めている株式会社が、貸借対照表に係る情報の提供を受けるために必要な事項を定めたときの申請書。

【完了後の登記記録例】

会社法人等番号	1234-56-789012	
商　　号	オートマ商事株式会社	
本　　店	東京都A区B町一丁目1番1号	
公告をする方法	官報に掲載してする	
貸借対照表に係る情報の提供を受けるために必要な事項	http://www.automatic.co.jp/kessan/index.html	令和何年何月何日設定
		令和何年何月何日登記
会社成立の年月日	令和何年何月何日	
目　　的	1　インテリアショップの経営 2　雑貨の販売 3　前各号に附帯する一切の事業	

※　この登記は、「公告をする方法」とは別の欄に登記する。

　One Point ◆ 登記の事由の書き方も正確に覚えよう

1　貸借対照表の公告をインターネットで開示する措置をとることができる会社は、公告方法を官報または日刊新聞紙とする株式会社です（会社法440条3項・2項）。必ず公告方法を確認しましょう。

2　会社法440条3項の措置をとる会社が、公告方法を電子公告に変更したときは、「貸借対照表に係る情報の提供を受けるために必要な事項」の登記を、登記官が職権で抹消します（商業登記規則71条）。

【申請書】

登記の事由	貸借対照表に係る情報の提供を受けるために必要な事項の設定
登記すべき事項	
	令和何年何月何日次のとおり設定
	貸借対照表に係る情報の提供を受けるために必要な事項
	http://www.automatic.co.jp/kessan/index.html
登録免許税	金３万円（ツ）
添付書面	委任状　　　　　１通　　　＊

＊ 添付書面は、代理人による場合の委任状のみで足りる。

参考 会社が上記の事項を廃止する旨の決定をしたときは、登記の事由及び登記すべき事項を次のとおり置き換えよう。

登記の事由	貸借対照表に係る情報の提供を受けるために必要な事項の廃止
登記すべき事項	令和何年何月何日廃止

＊ 登録免許税と添付書面は、上記の設定のケースに同じである。また、登記すべき事項の日付は、電磁的開示の旨を廃止する決定をした日である。

No.4-1　電子提供措置に関する規定の設定

振替株式を発行していない株式会社が、電子提供措置をとる旨の定款の定めを設けたときの申請書。

【完了後の登記記録例】

会社法人等番号	1234-56-789012	
商　号	オートマ商事株式会社	
本　店	東京都A区B町一丁目1番1号	
電子提供措置に関する規定	当会社は、株主総会の招集に際し、株主総会参考書類等の内容である情報について、電子提供措置をとるものとする。	令和何年何月何日設定 令和何年何月何日登記
公告をする方法	官報に掲載してする	
会社成立の年月日	令和何年何月何日	
目　的	1　インテリアショップの経営 2　雑貨の販売 3　前各号に附帯する一切の事業	

 One Point◆ 電子提供措置をとる旨の定款の定め

電子提供措置をとる旨の定款の定めがあるときは、その旨が登記事項となります（会社法911条3項12号の2）。この場合、定款の定めそれ自体が登記事項となり、電子提供措置に係るウェブサイトのアドレスは登記事項とならないことに注意を要します。 No.2-2 の電子公告や、 No.3 の貸借対照表の電磁的開示の旨の登記においてはアドレスが登記事項となることと比較しましょう。

【申請書】

登記の事由　　電子提供措置に関する規定の設定

登記すべき事項

　　令和何年何月何日設定

　　電子提供措置に関する規定　　＊1

　　　当会社は、株主総会の招集に際し、株主総会参考書類等の内容である情報について、電子提供措置をとるものとする。

登録免許税　　金3万円（ツ）　　＊2

添付書面　　　株主総会議事録　　1通　　　＊3

　　　　　　　株主リスト　　　　1通

　　　　　　　委任状　　　　　　1通

＊1　登記すべき事項は、電子提供措置に係る定款の文言どおりに記載する（先例令4.8.3-378）。電子提供措置に係るウェブサイトのアドレスは、登記事項とならない。

＊2　登録免許税は、申請1件につき3万円である（ツ）。

＊3　定款変更をした株主総会議事録および株主リストを添付する。

第1編 株式会社の登記

No.4-2 電子提供措置に関する規定の廃止

電子提供措置をとる旨の定款の定めを廃止したときの申請書。

【完了後の登記記録例】

電子提供措置に関する規定	当会社は、株主総会の招集に際し、株主総会参考書類等の内容である情報について、電子提供措置をとるものとする。	令和何年何月何日設定
		令和何年何月何日登記
		令和何年何月何日廃止
		令和何年何月何日登記

【申請書】

```
登記の事由      電子提供措置に関する規定の廃止
登記すべき事項
    令和何年何月何日電子提供措置に関する規定の廃止    ＊1
登録免許税      金3万円（ツ）    ＊2
添付書面      株主総会議事録    1通    ＊3
            株主リスト      1通
            委任状        1通
```

＊1　登記すべき事項として、電子提供措置をとる旨の定款の定めを廃止した旨とその年月日（定款変更の日）を記載する。

＊2　登録免許税は、申請件数1件につき3万円である（ツ）。

＊3　定款変更をした株主総会議事録とその株主リストを添付する。

No.5 目的の変更

株式会社が、その目的を変更したときの申請書。

【完了後の登記記録例】

目　的	1　インテリアショップの経営
	2　雑貨の販売
	3　前各号に附帯する一切の事業
	1　インテリアショップの経営
	2　雑貨の販売
	3　飲食店の経営
	4　前各号に附帯する一切の事業
	令和何年何月何日変更　　令和何年何月何日登記

【申請書】

```
登記の事由       目的の変更
登記すべき事項
    令和何年何月何日次のとおり変更    ＊1
    目的  1  インテリアショップの経営
        2  雑貨の販売
        3  飲食店の経営
        4  前各号に附帯する一切の事業
登録免許税     金3万円（ツ）
添付書面     株主総会議事録     1通    ＊2
            株主リスト       1通
            委任状         1通
```

＊1　目的は、その全部が一つの登記事項であるから、上記のように、一部を追加したようなときでも、変更のないものも含めて全部記載する（先例昭38.9.19-2623）。

＊2　目的は定款の絶対的記載事項であり、定款変更をした株主総会議事録および株主リストを添付する。

No.**1-1** 取締役の就任による変更の登記
（取締役会設置会社の場合）

> 種類株式発行会社でない取締役会設置会社が、株主総会で取締役Dを選任し、就任承諾があったときの申請書。

※ 以下、特に記載がない限り、種類株式発行会社でない取締役会設置会社を前提とします。

【完了後の登記記録例】

役員に関する事項	取締役 A	令和何年何月何日就任
		令和何年何月何日登記
	取締役 B	令和何年何月何日就任
		令和何年何月何日登記
	取締役 C	令和何年何月何日就任
		令和何年何月何日登記
	取締役 D	令和何年何月何日就任
		令和何年何月何日登記
	何市何町何丁目何番何号 代表取締役 A	令和何年何月何日就任
		令和何年何月何日登記

🐕 One Point ◆ 役員変更の登記のコツ

1 役員（取締役、会計参与、監査役）及び会計監査人は、株主総会の決議によって選任します（会社法329条1項）。 | 添付書面 |

2 取締役の就任による変更の登記には、就任承諾書の添付を要します（商業登記法54条1項）。このため、就任承諾の有無を必ず確認するようにしましょう。

3 株主総会の席上で被選任者が就任を承諾したときは、原則として、就任承諾書は、株主総会議事録の記載を援用することができます。

【申請書】

登記の事由	取締役の変更
登記すべき事項	令和何年何月何日取締役D就任
登録免許税	金3万円または1万円（カ）　　＊1
添付書面	株主総会議事録　　　　　1通　＊2
	株主リスト　　　　　　　1通
	就任承諾書は株主総会議事録の記載を援用する　　＊3
	本人確認証明書　　　　　1通　＊4
	委任状　　　　　　　　　1通

＊1　登録免許税は、資本金の額が1億円を超えるときは金3万円、1億円以下のときは金1万円である（カ）。

＊2　選任権付種類株式を発行しているときは、添付書面を次のとおり置き換えよう（商業登記法46条2項）。

添付書面	種類株主総会議事録	1通
	株主リスト	1通
	就任承諾書	1通
	本人確認証明書	1通
	委任状	1通

※　以下、特に記載のない限り、取締役（監査役）選任権付種類株式は考慮しないものとします。

＊3　株主総会議事録の記載を就任承諾書として援用するときは、このように記載する。

＊4　原則として、取締役の就任承諾書に記載した氏名及び住所についての本人確認証明書を添付する（商業登記規則61条7項本文）。本人確認証明書の詳細については、No.1-2 の「ココをチェックしよう」を参照しよう。

取締役の就任による変更の登記
(取締役会を設置しない会社の場合)

取締役会を設置しない株式会社が、株主総会で取締役としてDを選任し、Dが就任承諾をしたときの申請書。

【完了後の登記記録例】

役員に関する事項	取締役	D	令和何年何月何日就任
			令和何年何月何日登記

【申請書】

登記の事由	取締役の変更
登記すべき事項	令和何年何月何日取締役D就任
登録免許税	金3万円または1万円（カ）
添付書面	株主総会議事録　　　1通
	株主リスト　　　　　1通
	就任承諾書　　　　　1通
	印鑑証明書　　　　　1通　　　＊
	委任状　　　　　　　1通

＊　取締役会を設置しない株式会社においては、再任の場合を除いて、取締役の就任承諾書に係る印鑑証明書が添付書面となる（商業登記規則61条4項後段）。この場合、本人確認証明書の添付を要しない（商業登記規則61条7項ただし書）。

ココをチェックしよう 取締役等の就任による変更の登記と本人確認証明書

　設立の登記または取締役、監査役、執行役の就任による変更の登記の申請書には、原則として、設立時取締役、設立時監査役、設立時執行役、取締役、監査役、執行役（以下、取締役等）の本人確認証明書の添付を要する（商業登記規則61条7項本文）。ここでは、取締役等の就任による変更の登記と本人確認証明書の添付の要否を整理しておこう。

1　本人確認証明書の添付

　取締役等の就任による変更の登記の申請書には、取締役等の就任承諾書に記載した氏名および住所についての本人確認証明書（住民票の写しや運転免許証のコピーなど）の添付を要する（商業登記規則61条7項本文）。

🐕**One Point◆ 議事録の記載の援用と本人確認証明書**

　No.1-1 のように本人確認証明書が添付書面となる場合において、株主総会議事録の記載を就任承諾書として援用するときは、議事録に取締役の住所の記載を要します。住所の記載がないときは、議事録に「席上就任承諾した」と書いてあっても、これを就任承諾書として援用することができません。このため、別途、取締役が住所を記載し、記名押印した就任承諾書の添付を要することとなります（先例平27.2.20-18）。

2　本人確認証明書の添付を要しない場合

　次の場合には、本人確認証明書の添付を要しない。
　　①　再任の場合（商業登記規則61条7項本文カッコ書）
　　②　商業登記規則61条4〜6項により、取締役等の印鑑証明書が添付書面となる
　　　　場合（商業登記規則61条7項ただし書）。

One Point◆ 商業登記規則61条4〜6項

　本人確認証明書の添付の要否の判断には、商業登記規則61条4〜6項の理解が欠かせません。どういう場合に印鑑証明書の添付を要するのか、正確に理解しておきましょう。

取締役の就任による変更の登記
（旧氏を登記する場合）

> 取締役に就任した山本花子が、旧氏である甲野を登記簿に記録するよう申し出ることとした場合の登記の申請書。なお、旧氏の記録の申出に必要な書面があるときは、申請書の添付書面欄に記載をするものとする。

【完了後の登記記録例】

役員に関する事項	取締役　　　　山　本　一　郎	令和何年何月何日就任
		令和何年何月何日登記
	取締役　　　　甲　野　太　郎	令和何年何月何日就任
		令和何年何月何日登記
	取締役　　　　乙　野　次　郎	令和何年何月何日就任
		令和何年何月何日登記
	取締役　　　　山本花子（甲野花子）	令和何年何月何日就任
		令和何年何月何日登記
	何市何町何丁目何番何号 代表取締役　　　山　本　一　郎	令和何年何月何日就任
		令和何年何月何日登記

🐕 One Point ◆ 旧氏の記録の申出

　役員（ここでは、取締役、監査役、執行役、会計参与、会計監査人のコト）と清算人は、その旧氏を登記簿に併記することができます（商業登記規則81条の2第1項前段）。ここに旧氏とは、その者が過去に称していた氏であって、その者の戸籍等に記録されている氏のことをいい、婚姻前の氏に限られません。

　また、旧氏の記録の申出を書面でするときは、役員変更等の登記の申請と同時に行うほか、その申出のみを単独で行うことができます。ただし、オンラインによる申出は、登記の申請と同時の場合に限ってすることができることに注意を要します。

【申請書】

登記の事由	取締役の変更	
登記すべき事項	令和何年何月何日次の者就任	＊1
	取締役　山本花子（甲野花子）	
登録免許税	金3万円または1万円（カ）	
添付書面	株主総会議事録	1通
	株主リスト	1通
	就任承諾書は株主総会議事録の記載を援用する	
	本人確認証明書	1通
	戸籍全部事項証明書等	1通　　＊2
	委任状	1通

＊1　旧氏を併記する場合、カッコ内に旧氏を記載する。

＊2　記録すべき旧氏を証する書面として、戸籍全部事項証明書等を添付する（商業登記規則81条の2第3項1号、先例令4.8.25-411）。

取締役及び代表取締役の就任の登記

　株主総会で取締役A、B、Cを選任し、同日開催された取締役会でAを代表取締役に選定したときの申請書。なお、被選任者はいずれも席上で取締役、代表取締役への就任を承諾したものとする。また、取締役会議事録には、出席者の全員が個人の実印で押印しているものとする。

【完了後の登記記録例】

役員に関する事項	取締役　　　　　A	令和何年何月何日就任
		令和何年何月何日登記
	取締役　　　　　B	令和何年何月何日就任
		令和何年何月何日登記
	取締役　　　　　C	令和何年何月何日就任
		令和何年何月何日登記
	何市何町何丁目何番何号 代表取締役　　　A	令和何年何月何日就任
		令和何年何月何日登記

One Point◆ 代表取締役の登記

1　代表取締役は、氏名のほか住所も登記事項となります（会社法911条3項14号）。
2　取締役会設置会社において、代表取締役の就任による変更の登記を申請するときは、原則として、商業登記規則61条5項・6項の印鑑証明書の添付を要します。
3　取締役会を設置しない株式会社は、以下の方法で、取締役の中から代表取締役を定めることができます（会社法349条3項）。
　　① 定款
　　② 定款の定めに基づく取締役の互選
　　③ 株主総会の決議

【申請書】

登記の事由	取締役及び代表取締役の変更		
登記すべき事項	令和何年何月何日次の者就任		
	取締役　　A		
	取締役　　B		
	取締役　　C		
	何市何町何丁目何番何号		
	代表取締役　A		
登録免許税	金３万円または１万円（カ）		
添付書面	株主総会議事録	１通	＊１
	株主リスト	１通	
	取締役会議事録	１通	＊２
	取締役の就任承諾書は株主総会議事録の記載を援用する		
	代表取締役の就任承諾書は取締役会議事録の記載を援用する　＊３		
	印鑑証明書	何通	＊４
	委任状	１通	

＊１　取締役を選任した株主総会議事録を添付する（商業登記法46条２項）。

＊２　代表取締役を選定した取締役会議事録を添付する（商業登記法46条２項）。なお、定款の定めに基づいて株主総会の決議によって代表取締役を選定したときは、定款及び株主総会議事録を添付する（商業登記規則61条１項、商業登記法46条２項）。

＊３　取締役会を設置しない株式会社では、定款の定めに基づく取締役の互選で代表取締役を定めた場合にのみ、代表取締役の就任承諾書を添付する。

＊４　本事例では、取締役の全員が印鑑証明書を添付することとなるため、本人確認証明書の添付を要しない（商業登記規則61条５項、６項３号、７項ただし書）。

取締役及び代表取締役の就任による変更の登記
（旧氏を登記する場合）

取締役及び代表取締役に就任した山本花子が、就任と同時に旧氏である甲野を登記簿に記録するよう申し出ることとした場合の登記の申請書。なお、旧氏の記録の申出に必要な書面があるときは、申請書の添付書面欄に記載をするものとする。

【完了後の登記記録例】

役員に関する事項	取締役　　　　　山　本　一　郎	令和何年何月何日就任
		令和何年何月何日登記
	取締役　　　　　甲　野　太　郎	令和何年何月何日就任
		令和何年何月何日登記
	取締役　　　　　乙　野　次　郎	令和何年何月何日就任
		令和何年何月何日登記
	取締役　　　　山本花子（甲野花子）	令和何年何月何日就任
		令和何年何月何日登記
	何市何町何丁目何番何号 代表取締役　　　山　本　一　郎	令和何年何月何日就任
		令和何年何月何日登記
	何市何町何丁目何番何号 代表取締役　　　山本花子（甲野花子）	令和何年何月何日就任
		令和何年何月何日登記

🐕 **One Point ◆ 旧氏の記録の申出**

旧氏を記録する役員等が代表取締役であるときは、代表取締役の氏名についても、上記の登記記録例のとおり、カッコ書でその旧氏を記録することとなります（先例令4.8.25-411）。

【申請書】

登記の事由	取締役及び代表取締役の変更
登記すべき事項	令和何年何月何日次の者就任　　＊1
	取締役　山本花子（甲野花子）
	何市何町何丁目何番何号
	代表取締役　山本花子（甲野花子）
登録免許税	金3万円または1万円（カ）
添付書面	株主総会議事録　　　　　　　　1通
	株主リスト　　　　　　　　　　1通
	取締役会議事録　　　　　　　　1通
	取締役及び代表取締役の就任承諾書　2通
	印鑑証明書　　　　　　　　　　何通　　＊2
	戸籍全部事項証明書等　　　　　1通
	委任状　　　　　　　　　　　　1通

＊1　旧氏をも記録する者が代表取締役であるときは、取締役と代表取締役のそれぞれで旧氏をカッコ書で記載する。

＊2　商業登記規則61条4～6項の印鑑証明書を添付したときは、本人確認証明書の添付を要しない（商業登記規則61条7項ただし書）。

先例

① 内国株式会社の代表取締役の全員が日本に住所を有しない場合であっても、その設立の登記及び代表取締役の就任による変更の登記を申請することができる（先例平27.3.16-29）。

② 取締役会を設置しない株式会社が取締役の中から代表取締役を選定したときは、その選定を証する書面として以下の書面を添付する。

　1　定款によって代表取締役を定めたとき
　　定款の変更に係る株主総会議事録

　2　株主総会の決議によって代表取締役を定めたとき
　　株主総会議事録

　3　定款の定めに基づく取締役の互選によって代表取締役を定めたとき
　　定款、互選を証する書面

No.3-1 取締役の就任
(社外取締役のケース)

社外取締役Dの就任による変更の登記の申請書。

【完了後の登記記録例】

役員に関する事項	取締役　　　D （社外取締役）	令和何年何月何日就任
		令和何年何月何日登記

【申請書】

```
登記の事由      取締役の変更
登記すべき事項   令和何年何月何日取締役（社外取締役）D就任    ＊1
登録免許税      金3万円または1万円（カ）
添付書面       株主総会議事録        1通    ＊2
            株主リスト          1通
            就任承諾書          1通
            本人確認証明書        1通
            委任状            1通
```

＊1　社外取締役である旨の登記をするのは、以下の場合である（会社法911条3項21号・22号・23号）。

  1　特別取締役による議決の定めがある場合

  2　監査等委員会設置会社である場合

  3　指名委員会等設置会社である場合

＊2　社外性を証する書面の添付は、不要である。

No.**3-2** 社外性喪失の登記

　任期中の取締役Dが、社外取締役の要件を満たさないこととなった場合の変更の登記の申請書。

【完了後の登記記録例】

役員に関する事項	取締役　　　D （社外取締役）	令和何年何月何日就任
		令和何年何月何日登記
	取締役　　　D	令和何年何月何日社外性喪失
		令和何年何月何日登記

【申請書】

> 登記の事由　　　　社外取締役D社外性喪失
> 登記すべき事項
> 　令和何年何月何日社外取締役D社外性喪失　　＊1
> 登録免許税　　　　金3万円または1万円（カ）
> 添付書面　　　　　委任状　　＊2

＊1　任期中の取締役が社外取締役の要件を満たさないこととなったときの登記原因は、一律、「社外性喪失」とする（先例平27.2.6-14）。このことは、社外監査役がその要件を満たさないこととなった場合も同様である。

＊2　委任状以外の書面の添付を要しない（先例平14.4.25-1067）。

No.4-1 取締役の重任の登記

取締役A及びBの重任による変更の登記の申請書。

【完了後の登記記録例】

役員に関する事項	取締役	A	
	取締役	A	令和何年何月何日重任
			令和何年何月何日登記
	取締役	B	
	取締役	B	令和何年何月何日重任
			令和何年何月何日登記

【申請書】

```
登記の事由      取締役の変更
登記すべき事項   令和何年何月何日次の者重任    ＊1
              取締役    A
              取締役    B
登録免許税      金3万円または1万円（カ）
添付書面       定款           1通    ＊2
              株主総会議事録     1通
              株主リスト       1通
              就任承諾書は株主総会議事録の記載を援用する
              委任状         1通
```

＊1　重任は、任期満了退任＋就任である。「重任」が使えるのは、任期満了退任の場合の
　　　みであることに注意を要する。なお、重任も再任であるから、本人確認証明書の添付を
　　　要しない（商業登記規則61条7項本文カッコ書）。

＊2　定款の添付の要否については、後述の No.5-1 を参照しよう。

No.**4-2** 取締役及び代表取締役の重任による変更の登記

代表取締役である取締役山本花子の重任による変更の登記の申請書。

【完了後の登記記録例】

役員に関する事項	取締役　　　　山 本 花 子	
	取締役　　　　山 本 花 子	令和何年何月何日重任
		令和何年何月何日登記
	何市何町何丁目何番何号 代表取締役　　　山 本 花 子	
	何市何町何丁目何番何号 代表取締役　　　山 本 花 子	令和何年何月何日重任
		令和何年何月何日登記

【申請書】

```
登記の事由　　　取締役及び代表取締役の変更
登記すべき事項　令和何年何月何日次の者重任
　　　　　　　　　取締役　山本花子
　　　　　　　　何市何町何丁目何番何号
　　　　　　　　　代表取締役　山本花子
登録免許税　　　金３万円または１万円（カ）
添付書面　　　　定款　　　　　　　　　　　　１通
　　　　　　　　株主総会議事録　　　　　　　１通
　　　　　　　　株主リスト　　　　　　　　　１通
　　　　　　　　取締役会議事録　　　　　　　１通
　　　　　　　　取締役及び代表取締役の就任承諾書　２通
　　　　　　　　印鑑証明書　　　　　　　　　何通　　　＊
　　　　　　　　委任状　　　　　　　　　　　１通
```

＊　重任の場合、就任承諾書に係る印鑑証明書の添付を要しない（商業登記規則61条５項、４項後段カッコ書）。また、取締役会議事録に、変更前の代表取締役が登記所に提出した印鑑で押印しているときは、商業登記規則61条６項の印鑑証明書の添付も不要となる（商業登記規則61条６項ただし書）。

No.5-1 取締役の退任の登記
（任期満了の場合）

> 法定の任期が満了したことにより、取締役Bが退任したときの申請書。

【完了後の登記記録例】

役員に関する事項	取締役　　　B	
		令和何年何月何日退任
		令和何年何月何日登記

【申請書】

```
登記の事由        取締役の変更
登記すべき事項     令和何年何月何日取締役B退任
登録免許税        金3万円または1万円（カ）
添付書面         定款           1通   ＊1
               株主総会議事録    1通   ＊2
               委任状         1通
```

＊1　取締役が任期満了により退任したときは、商業登記法54条4項の退任を証する書面として、定款と株主総会議事録を添付する。なお、株主総会議事録に、任期満了により退任した旨の記載があるときは、定款の添付を要しない（先例昭53.9.18-5003）。このことは、定款等により任期を法定の期間よりも短縮した場合や、非公開会社において定款で任期を法定の期間よりも伸長した場合も同じである。

＊2　任期満了による退任の登記のみを申請するときは、株主リストの添付を要しない。

先例

　取締役としての権利義務を有する者が死亡したときは、死亡の事実を証する書面を添付して、任期満了または辞任による退任の登記を申請する（質疑登研217P153）。そして、この場合の退任の日付は、死亡の日ではなく、その任期満了または辞任の日である。

No.5-2 取締役の退任の登記
（定款変更による任期満了の場合）

　任期途中の定款変更（株式の譲渡制限に関する規定の廃止）により、取締役Bの任期が満了したときの申請書。

【完了後の登記記録例】

役員に関する事項	取締役	B	
			令和何年何月何日退任
			令和何年何月何日登記

【申請書】

登記の事由	株式の譲渡制限に関する規定の廃止
	取締役の変更
登記すべき事項	令和何年何月何日株式の譲渡制限に関する規定の廃止
	同日取締役B退任　　＊1
登録免許税	金6万円または4万円（ツ、カ）
添付書面	株主総会議事録　　　1通　　＊2、＊3
	株主リスト　　　　　1通
	委任状　　　　　　　1通

＊1　任期の途中に、以下の定款変更をしたときは、取締役の任期は、定款変更の効力が生じた時に満了する（会社法332条7項）。
　　①　監査等委員会または指名委員会等設置会社となる定款変更
　　②　監査等委員会または指名委員会等設置会社の定めを廃止する定款変更
　　③　非公開会社から公開会社となる定款変更

＊2　定款変更による任期満了の場合、定款変更をした株主総会議事録と株主リストが退任を証する書面となる。別途、定款の添付を要しない。

＊3　本事例は、定款変更により役員の任期が満了した場合の申請書の一部を示したものである。その他に必要となる登記（機関設置の登記など）があれば、問題文の事案に応じて、それらを追加していこう。

取締役の退任の登記
（辞任の場合）

取締役Ｃが辞任により退任したときの申請書。

【完了後の登記記録例】

役員に関する事項	取締役　　Ｃ	
		令和何年何月何日辞任
		令和何年何月何日登記

【申請書】

> 登記の事由　　　　取締役の変更
> 登記すべき事項　　令和何年何月何日取締役Ｃ辞任
> 登録免許税　　　　金３万円または１万円（カ）
> 添付書面　　　　　辞任届　　　　１通　　　＊
> 　　　　　　　　　委任状　　　　１通

＊　商業登記法54条４項の退任を証する書面として、辞任届を添付する。なお、登記所に印鑑を提出した代表取締役等の辞任については、後述の **No.6-3** を参照しよう。

先例

① 辞任する取締役が、株主総会の席上において口頭で辞任を申し出たことが議事録の記載により明らかなときは、その株主総会議事録を、退任を証する書面として援用できる（先例昭36.10.12-197）。この場合、次のとおり記載する。

> 辞任届
> 　株主総会議事録の記載を援用する

② 定時株主総会の終結と同時に辞任する取締役が、その定時株主総会で再選されて、直ちに就任を承諾したときは、辞任による変更登記及び就任による変更登記を申請する（質疑登研333P73）。
　　→重任登記を申請することはできないことに注意しよう。

No.5-4 **取締役の退任の登記**
（解任の場合）

会社が、取締役Bを解任したときの申請書。

【完了後の登記記録例】

役員に関する事項	取締役 　　B	
		令和何年何月何日解任
		令和何年何月何日登記

【申請書】

登記の事由	取締役の変更
登記すべき事項	令和何年何月何日取締役B解任
登録免許税	金3万円または1万円（カ）
添付書面	株主総会議事録　　　1通　　　＊
	株主リスト　　　　　1通
	委任状　　　　　　　1通

＊　退任を証する書面として、解任決議をした株主総会議事録を添付する（商業登記法54条
4項、46条2項）。取締役の解任は、原則として、会社法341条の決議により行うが、累積
投票によって選任した取締役及び監査等委員である取締役を解任するときは、株主総会の
特別決議を要する（会社法309条2項7号）。

🐕 **One Point◆ 種類株主総会において選任した取締役を解任したときの添付書面**

　種類株主総会で選任した取締役を解任したときは、解任に係る種類株主総会議事録と株主
リストのほか、その取締役を選任したときの種類株主総会議事録の添付を要します（先例平
14.12.27-3239）。このほか、種類株主総会で選任した取締役を株主総会で解任できる旨の定
款の定めに基づいて取締役を解任したときは、定款及び株主総会議事録、株主リストが添付
書面となります。

　また、種類株主総会において議決権を行使することができる株主が存在しなくなったた
め、株主総会の決議により取締役を解任したときは、①解任に係る株主総会議事録及び株主
リスト、②取締役の選任に係る種類株主総会議事録、③議決権を行使することができる種類
株主が存在しないことを証する書面を添付します。

取締役の退任事由と退任を証する書面のまとめである。役員変更の登記の事案に応じて、就任登記とともにそれぞれのパーツを組み合わせよう。

1 任期満了の場合

登記すべき事項	「年月日取締役何某退任」			
退任を証する書面	① 定款 　 株主総会議事録	1通 1通	＊1	
	② 株主総会議事録 　 株主リスト	1通 1通	＊2	

＊1　会社法または定款で定めた任期が満了した場合。なお、株主総会議事録に、任期満了により退任した旨の記載があるときは、定款の添付を要しない。

＊2　会社法332条7項の定款変更によって任期が満了した場合。

2 辞任の場合

登記すべき事項	「年月日取締役何某辞任」		
退任を証する書面	辞任届	1通	＊

＊　株主総会議事録の記載を援用できるケースについては、 No.5-3 を参照しよう。

3 解任の場合

登記すべき事項	「年月日取締役何某解任」		
退任を証する書面	株主総会議事録 株主リスト	1通 1通	＊

＊　種類株式発行会社の場合の詳細は、 No.5-4 の One Point を参照しよう。

4 死亡の場合

登記すべき事項	「年月日取締役何某死亡」		
退任を証する書面	死亡届	1通	＊

＊　退任を証する書面は、遺族等からの会社に対する死亡届のほか、戸籍全部事項証明書、死亡診断書、法定相続情報一覧図の写し等でもよい。

5　資格喪失（欠格事由に該当）の場合

登記すべき事項	「年月日取締役何某資格喪失」
退任を証する書面	欠格事由に該当することを証する書面　　　1通

6　破産手続開始の決定を受けた場合

登記すべき事項	「年月日取締役何某退任」　　＊
退任を証する書面	破産手続開始の決定書の謄本　　　1通

＊　この場合、取締役は、委任の終了により退任する（民法653条2号）。このため、登記原因は「資格喪失」ではなく「退任」となる。

7　後見開始の審判を受けた場合

登記すべき事項	「年月日取締役何某退任」　　＊
退任を証する書面	後見開始の審判を受けたことを証する書面　　　1通

＊　6と同じく、委任の終了により退任するため、登記原因は「退任」となる（民法653条3号）。

参考 株式会社が解散した場合

　株式会社の解散により、取締役は退任することとなる（会社法477条7項参照）。そして、この場合、解散登記をしたときに、登記官が職権で取締役等の機関に関する登記を抹消する（商業登記規則72条1項）。このため、会社は、取締役の退任登記を申請しなくてもよい。

→解散後、生き残ることができない機関の登記は、登記官の手によるお掃除の対象となるのである。なお、お掃除の対象外となる機関は監査役と監査役会のみである。

No.6-1 代表取締役である取締役の退任の登記

　代表取締役である取締役Ａが任期満了により退任したときの申請書。なお、株主総会議事録には、Ａが任期満了により退任した旨の記載がある。

【完了後の登記記録例】

役員に関する事項	取締役　　　　　Ａ	
		令和何年何月何日退任
		令和何年何月何日登記
	何市何町何丁目何番何号 代表取締役　　　Ａ	
		令和何年何月何日退任
		令和何年何月何日登記

【申請書】

```
登記の事由      取締役及び代表取締役の変更
登記すべき事項    令和何年何月何日取締役Ａ退任    ＊1
              同日代表取締役Ａ退任
登録免許税      金3万円または1万円（カ）
添付書面       株主総会議事録     1通    ＊2
              委任状          1通
```

＊1　代表取締役は、取締役の地位を基礎とするから、取締役として退任したときは、代表取締役としても当然に退任する。そのため、代表取締役の退任事由は、記載例のとおり「退任」とする。なお、取締役の退任事由や添付書面は、No.5-1から5-4のとおり、任期満了による退任のほか、退任事由に応じて置き換えよう。

＊2　本事例のように、株主総会議事録に任期満了により退任した旨の記載があるときは、退任を証する書面として株主総会議事録のみを添付すれば足り、定款の添付を要しない（先例昭53.9.18-5003）。

No.6-2 代表取締役である取締役の退任の登記（死亡の場合）

代表取締役である取締役Aが死亡したときの申請書。

【完了後の登記記録例】

役員に関する事項	取締役　　　　　A	
		令和何年何月何日死亡
		令和何年何月何日登記
	何市何町何丁目何番何号 代表取締役　　　A	
		令和何年何月何日死亡
		令和何年何月何日登記

【申請書】

```
登記の事由     取締役及び代表取締役の変更
登記すべき事項   令和何年何月何日代表取締役である取締役A死亡    ＊
登録免許税     金3万円または1万円（カ）
添付書面      死亡届      1通
           委任状      1通
```

＊　代表取締役である取締役が死亡したときは、このとおり記載しよう。
　　なお、次のとおり記載してもよい。

```
登記すべき事項   令和何年何月何日取締役A死亡
           同日代表取締役A死亡
```

　　登記所に印鑑を提出している代表取締役Aが、取締役を辞任したことによる変更の登記の申請書。

【完了後の登記記録例】

役員に関する事項	取締役　　　　A	
		令和何年何月何日辞任
		令和何年何月何日登記
	何市何町何丁目何番何号 代表取締役　　　A	
		令和何年何月何日退任
		令和何年何月何日登記

One Point◆ 代表取締役等の辞任

　　登記所に印鑑を提出した代表取締役もしくは代表執行役または取締役もしくは執行役（代表取締役等）が辞任をしたときは、添付書面に注意しましょう。この場合、原則として、実印を押した辞任届とその印鑑についての市区町村長作成の印鑑証明書が添付書面となります（商業登記規則61条8項本文）。

【申請書】

登記の事由	取締役及び代表取締役の変更
登記すべき事項	令和何年何月何日取締役A辞任　　＊1
	同日代表取締役A退任
登録免許税	金3万円または1万円（カ）
添付書面	辞任届　　　　1通
	印鑑証明書　　1通　　＊2
	委任状　　　　1通

＊1　印鑑証明書の添付を要することとなる登記の申請は、次のとおりである。いずれも、登記所に印鑑を提出している者が辞任をする場合であることに注意を要する。

　　1　代表取締役（執行役）の辞任の登記の申請

　　2　代表取締役（執行役）である取締役（執行役）の辞任の登記の申請

＊2　実印を押した辞任届と、その印鑑についての市区町村長作成の印鑑証明書を添付する（商業登記規則61条8項本文）。ただし、辞任届に、その代表取締役が登記所に提出した印鑑を押印したときは、印鑑証明書の添付を要しない（同項ただし書）。

参考 代表取締役の地位のみの辞任

　事例のAが、代表取締役の地位のみを辞任したときは、上記の記載例のうち、登記の事由と登記すべき事項を次のとおり置き換えよう。

登記の事由	代表取締役の変更
登記すべき事項	令和何年何月何日代表取締役A辞任

参考 辞任届と印鑑証明書

　登記所に印鑑を提出している者がいないときは、代表取締役等の辞任による変更登記の申請書には、例外なく辞任届（実印の押印。以下、同じ）＋印鑑証明書の添付を要する。つまり、このケースの方が、辞任届に係る印鑑証明書の添付を要する範囲が広いこととなる。

具体例

1　代表取締役A、B（登記所に印鑑を提出していない）

　Aの辞任　辞任届＋印鑑証明書

　Bの辞任　辞任届＋印鑑証明書

2　代表取締役A、B（Aのみ印鑑を提出）

　Aの辞任　辞任届＋印鑑証明書、または辞任届（届出印の押印）

　Bの辞任　辞任届（押印も印鑑証明書も不要）

参考 その1　成年被後見人等と取締役への就任

　成年被後見人または被保佐人が取締役に就任したときの就任承諾に係る添付書面
は、次のとおりである（先例令3.1.29-14）。

1　成年被後見人（X）が取締役に就任した場合の添付書面
　① 法定代理人である成年後見人（Y）の作成に係る就任承諾書
　② 成年被後見人（X）に係る成年後見登記事項証明書
　　　→この成年後見登記事項証明書は、取締役に就任するXの本人確認証明書を
　　　　兼ねることとなる。
　③ 成年被後見人（X）の同意書
　　　→後見監督人（Z）がいるときは、成年被後見人（X）及び後見監督人（Z）
　　　　の同意書
　④ ①の就任承諾書に係る印鑑証明書（Yのもの）
　　　→商業登記規則61条4項または5項に当てはまる場合に添付する。

2　被保佐人（X）が取締役に就任した場合の添付書面

⑴　被保佐人自身が就任承諾した場合
　① 被保佐人（X）の就任承諾書
　② 保佐人（Y）の同意書
　③ 被保佐人（X）の就任承諾書に係る印鑑証明書（Xのもの）
　　　→商業登記規則61条4項または5項に当てはまる場合に添付する。
　④ 取締役となる被保佐人（X）の本人確認証明書
　　　→商業登記規則61条4～6項の印鑑証明書を添付した場合を除く。

**⑵　保佐人（Y）が代理権付与の審判に基づき被保佐人（X）に代わって就任承諾
　　した場合**
　① 保佐人（Y）の作成に係る就任承諾書
　② 被保佐人（X）に係る後見登記等の登記事項証明書または代理権付与の審判
　　　に係る審判書
　③ 被保佐人（X）の同意書
　④ ①の就任承諾書に係る印鑑証明書（Yのもの）
　　　→商業登記規則61条4項または5項に当てはまる場合に添付する。
　⑤ 取締役となる被保佐人（X）の本人確認証明書
　　　→商業登記規則61条4～6項の印鑑証明書を添付した場合を除く。

参考 その2　成年被後見人等と取締役の辞任

　成年被後見人または被保佐人が取締役を辞任したときの添付書面は、次のとおりである（先例令3.1.29-14）。

1　成年被後見人である取締役が辞任した場合の添付書面

(1)　成年後見人（Y）が成年被後見人（X）に代わって辞任の意思表示をする場合

①　法定代理人である成年後見人（Y）の作成に係る辞任届

②　成年後見登記事項証明書

③　①の辞任届に係る印鑑証明書（Yのもの）

　→商業登記規則61条8項に当てはまる場合に添付する。 No.6-3 参照。

(2)　成年被後見人が辞任の意思表示をする場合

①　成年被後見人（X）の辞任届

②　①の辞任届に係る印鑑証明書（Xのもの）

　→商業登記規則61条8項に当てはまる場合に添付する。

　→登記所届出印を押印した場合は添付不要。

2　被保佐人である取締役が辞任した場合の添付書面

①　被保佐人（X）の辞任届

②　①の辞任届に係る印鑑証明書（Xのもの）

　→商業登記規則61条8項に当てはまる場合に添付する。

　→登記所届出印を押印した場合は添付不要。

One Point ◆ 相違点

　この参考のケースは、すでに後見開始または保佐開始の審判を受けている者が取締役に就任し、その後、取締役を辞任する場合のハナシです。在任中の取締役が後見開始、または保佐開始の審判を受けた事案とは相違しますので、気をつけましょう。なお、在任中の取締役が後見開始の審判を受けたときは、委任の終了により、取締役を退任することとなります。一方、在任中の取締役が保佐開始の審判を受けても、委任の終了事由に当たりませんので、その者は当然には取締役を退任することにはなりません（先例令3.1.29-14）。

第2節　取締役会設置会社の登記

No.7　取締役会設置会社の定めの設定

取締役会を設置する定款変更をしたときの申請書。

【完了後の登記記録例】

取締役会設置会社に関する事項	取締役会設置会社 　　　　　　　　令和何年何月何日設定　　　　令和何年何月何日登記

【申請書】

登記の事由	取締役会設置会社の定めの設定
登記すべき事項	令和何年何月何日取締役会設置会社の定めの設定
登録免許税	金3万円（ワ）　＊1
添付書面	株主総会議事録　　　　1通　　＊2
	株主リスト　　　　　　1通
	委任状　　　　　　　　1通

＊1　登録免許税は、金3万円である（ワ区分）。役員変更と同時に申請するときは、区分が異なるため（役員変更はカの区分）、役員変更分の登録免許税を加算しよう。

＊2　株式会社が取締役会を設置するときは、定款の定めを要する（会社法326条2項）。そのため、定款変更に係る株主総会議事録を添付する（商業登記法46条2項）。

One Point ◆ 取締役会の設置

取締役会を設置すると、取締役の最低員数の制限や（会社法331条5項）、その他の機関の設置義務が生じるなど（会社法327条2項等）、さまざまな影響があります。事案に応じて、役員の変更や、その他の機関設置の登記などを追加しましょう。

会社法326条（株主総会以外の機関の設置）

1　株式会社は、1人又は2人以上の取締役を置かなければならない。

2　株式会社は、定款の定めによって、取締役会、会計参与、監査役、監査役会、会計監査人、監査等委員会又は指名委員会等を置くことができる。

会社法331条（取締役の資格等）

（1～4項省略）

5　取締役会設置会社においては、取締役は、3人以上でなければならない。

会社法327条（取締役会等の設置義務等）

1　次に掲げる株式会社は、取締役会を置かなければならない。

①　公開会社

②　監査役会設置会社

③　監査等委員会設置会社

④　指名委員会等設置会社

2　取締役会設置会社（監査等委員会設置会社及び指名委員会等設置会社を除く。）は、監査役を置かなければならない。ただし、公開会社でない会計参与設置会社については、この限りでない。

（3項以下、略）

　取締役A、B、C、代表取締役Aの取締役会設置会社が、取締役会を廃止する定款変更を行い、廃止後は代表取締役を定めないこととしたときの申請書。

【完了後の登記記録例】

役員に関する事項	取締役　　　　A	令和何年何月何日就任
		令和何年何月何日登記
	取締役　　　　B	令和何年何月何日就任
		令和何年何月何日登記
	取締役　　　　C	令和何年何月何日就任
		令和何年何月何日登記
	何市何町何丁目何番何号 代表取締役　　A	令和何年何月何日就任
		令和何年何月何日登記
	何市何町何丁目何番何号 代表取締役　　B	令和何年何月何日代表権付与
		令和何年何月何日登記
	何市何町何丁目何番何号 代表取締役　　C	令和何年何月何日代表権付与
		令和何年何月何日登記
	監査役　　　　D	令和何年何月何日就任
		令和何年何月何日登記

取締役会設置会社 に関する事項	取締役会設置会社	
	令和何年何月何日廃止	令和何年何月何日登記
監査役設置会社に 関する事項	監査役設置会社	

【申請書】

登記の事由	取締役会設置会社の定めの廃止
	代表取締役の変更
登記すべき事項	令和何年何月何日取締役会設置会社の定めの廃止
	同日次の者代表権付与
	何市何町何丁目何番何号
	代表取締役　　　Ｂ
	何市何町何丁目何番何号
	代表取締役　　　Ｃ
登録免許税	金６万円または４万円（ワ、カ）　　＊１
添付書面	株主総会議事録　　　１通　　＊２
	株主リスト　　　　　１通
	委任状　　　　　　　１通

＊１　登録免許税は、取締役会の廃止分（ワ）として金３万円、役員変更分（代表権付与、カ）として金３万円または１万円である。

＊２　取締役会を廃止する定款変更に係る株主総会議事録を添付する（商業登記法46条2項）。この場合のＢＣへの代表権付与は、取締役会設置会社の定めの廃止による法定の効果であり、代表取締役の選定行為や就任承諾がないため、代表取締役の選定についての議事録に係る印鑑証明書、代表取締役の就任承諾書及びその印鑑証明書は添付書面とならない。

No.9 特別取締役による議決の定めの設定の登記

取締役が5名の株式会社（このうち、Eは社外取締役であるものとする）が、株主総会で取締役（社外取締役）を1名増員する決議をした上で、取締役会において特別取締役による議決の定めを設けたときの申請書。

【完了後の登記記録例　就任年月日など一部の事項は省略】

役員に関する事項	取締役　　　A	
	取締役　　　B	
	取締役　　　C	
	取締役　　　D	
	取締役　　　E	
	取締役　　　E （社外取締役）	
		令和何年何月何日社外取締役の登記
	取締役　　　F （社外取締役）	令和何年何月何日就任
		令和何年何月何日登記
	特別取締役　A	令和何年何月何日就任
		令和何年何月何日登記
	特別取締役　B	令和何年何月何日就任
		令和何年何月何日登記
	特別取締役　C	令和何年何月何日就任
		令和何年何月何日登記

特別取締役に関する事項	特別取締役による議決の定めがある 　　　　令和何年何月何日設定　　令和何年何月何日登記

【申請書】

登記の事由	特別取締役による議決の定めの設定
	特別取締役及び取締役の変更
登記すべき事項	令和何年何月何日特別取締役による議決の定めの設定
	令和何年何月何日取締役（社外取締役）F 就任 ＊1
	同日次の者特別取締役に就任
	特別取締役　　A
	同　　　　　　B
	同　　　　　　C
	取締役 E は社外取締役である　　＊2
登録免許税	金 6 万円または 4 万円（カ、ツ）　　＊3
添付書面	株主総会議事録　　　　1 通
	株主リスト　　　　　　1 通
	取締役の就任承諾書　　1 通
	本人確認証明書　　　　1 通
	取締役会議事録　　　　1 通　　＊4
	特別取締役の就任承諾書　3 通
	委任状　　　　　　　　1 通

＊1　特別取締役による議決の定めがあるときは、取締役のうち社外取締役であるものについて、社外取締役である旨を登記する（会社法911条 3 項21号ハ）。そして、初めて就任する取締役が社外取締役であるときは、「取締役（社外取締役）何某就任」として、カッコ書で社外取締役である旨を記載する。

＊2　既登記の取締役につき社外取締役である旨の登記をするときは、「取締役何某は社外取締役である」と記載する。

＊3　登録免許税は、役員変更分で金 3 万円または 1 万円（カ）、特別取締役による議決の定めの設定分（ツ）で金 3 万円であり、合計金 6 万円または 4 万円となる。

＊4　特別取締役による議決の定めを設定し、特別取締役を選定した取締役会議事録を添付する（商業登記法46条 2 項）。なお、特別取締役による議決の定めは、定款で定めることを要しない。

🐕 **One Point ♦ 特別取締役による議決の定め**

　特別取締役による議決の定めを置くことができるのは、取締役の数が 6 人以上で、そのうち 1 人以上が社外取締役である取締役会設置会社です（会社法373条 1 項）。

取締役会の決議により特別取締役による議決の定めを廃止したときの申請書。

【完了後の登記記録例　ただし、社外取締役の部分のみの抜粋】

役員に関する事項	取締役　　E	
	取締役　　E （社外取締役）	
		令和何年何月何日社外取締役の登記
	取締役　　E	令和何年何月何日特別取締役による議決の定め廃止により変更
		令和何年何月何日登記
	取締役　　F （社外取締役）	令和何年何月何日就任
		令和何年何月何日登記
	取締役　　F	令和何年何月何日特別取締役による議決の定め廃止により変更
		令和何年何月何日登記

特別取締役に関する事項	特別取締役による議決の定めがある 　　　　　　令和何年何月何日設定　令和何年何月何日登記
	令和何年何月何日廃止　令和何年何月何日登記

One Point♦ 特別取締役による議決の定めの廃止の登記

　ポイントは、社外取締役である旨の登記を要しなくなったときの申請書の書き方です。申請書の記載例のとおり、正確に覚えておきましょう。

【申請書】

登記の事由	特別取締役による議決の定めの廃止
	特別取締役及び取締役の変更
登記すべき事項	令和何年何月何日特別取締役による議決の定めの廃止
	同日次の者退任
	特別取締役　　A
	同　　　　　　B
	同　　　　　　C
	取締役（社外取締役）E、同Fにつき同日特別取締
	役による議決の定め廃止により変更　　＊1
	取締役　　　　E
	取締役　　　　F
登録免許税	金6万円または4万円（カ、ツ）　　＊2
添付書面	取締役会議事録　　　1通　　＊3
	委任状　　　　　　　1通

＊1　社外取締役である旨の登記を要しなくなったときは、このとおり記載しよう。

＊2　登録免許税は、特別取締役による議決の定めの廃止分で金3万円（ツ）、役員変更分で金3万円または金1万円である（カ）。

＊3　特別取締役による議決の定めの廃止の決議をした取締役会の議事録を添付する（商業登記法46条2項）。

先例

　監査等委員会設置会社が、株主総会において重要な業務執行の決定を取締役に委任できる旨の定款の定めを設けたときは、これと両立しない特別取締役による議決の定めは、当然に廃止される（会社法373条1項参照）。この場合、特別取締役による議決の定めの廃止による変更の登記の申請書には、取締役会議事録の添付を要しない（質疑登研804P29）。

No.11-1 監査役設置会社、監査役の就任による変更の登記

監査役を置く旨の定款の変更をしたときの申請書。

【完了後の登記記録例】

役員に関する事項	取締役　　　A	令和何年何月何日就任
		令和何年何月何日登記
	何市何町何丁目何番何号 代表取締役　A	令和何年何月何日就任
		令和何年何月何日登記
	監査役　　　D	令和何年何月何日就任
		令和何年何月何日登記

監査役設置会社に 関する事項	監査役設置会社 　　　　　　　　令和何年何月何日設定　令和何年何月何日登記

🐕 One Point◆ 監査役の登記

1　監査役を置くためには、定款の定めを要します（会社法326条2項）。
2　監査役は、株主総会の決議により選任するため、株主総会議事録を添付します（会社法329条1項、商業登記法46条2項）。　
3　監査役の就任による変更登記を申請するときも、原則として、本人確認証明書の添付を要します（商業登記規則61条5項）。

【申請書】

登記の事由	監査役設置会社の定めの設定		
	監査役の変更		
登記すべき事項	令和何年何月何日監査役設置会社の定めの設定		
	同日監査役D就任		
登録免許税	金6万円または4万円（カ、ツ）　＊1		
添付書面	株主総会議事録	1通	＊2
	株主リスト	何通	
	就任承諾書	1通	
	本人確認証明書	1通	＊3
	委任状	1通	

＊1　登録免許税は、役員変更分で金3万円または1万円（カ）、監査役設置会社の定めの
　　設定分で金3万円である（ツ）。

＊2　監査役の選任に係る株主総会の議事録を添付する（商業登記法46条2項）。

＊3　再任の場合を除いて、監査役の本人確認証明書を添付する（商業登記規則61条7項本
　　文）。ただし、商業登記規則61条6項3号により印鑑証明書を添付したときは、本人確
　　認証明書の添付を要しない（商業登記規則61条7項ただし書）。

監査役設置会社、監査役の就任による変更の登記
（会計限定監査役の場合）

> 監査役を置く旨の定款の定めとともに、監査役の監査の範囲を会計に関するものに限定する旨の定款の定めを設けたときの申請書。

【完了後の登記記録例】

役員に関する事項	監査役　　D	令和何年何月何日就任
		令和何年何月何日登記
	監査役の監査の範囲を会計に関するものに限定する旨の定款の定めがある	令和何年何月何日設定
		令和何年何月何日登記

監査役設置会社に関する事項	監査役設置会社　　　　　　　　　　令和何年何月何日設定	令和何年何月何日登記

 One Point ◆ 監査役の監査の範囲に関する登記

　監査役の監査の範囲を会計に関するものに限定する旨の定款の定めがある株式会社は、その旨が登記事項となります（会社法911条3項17号イ）。また、この定款の定めを置くことができるのは、非公開会社であって、監査役会設置会社または会計監査人設置会社でない株式会社であることもあわせて確認しておきましょう（会社法389条1項）。

【申請書】

登記の事由	監査役設置会社の定めの設定
	監査役の変更
	監査役の監査の範囲を会計に関するものに限定する
	旨の定款の定めの設定
登記すべき事項	令和何年何月何日監査役設置会社の定めの設定
	同日監査役D就任
	同日次のとおり設定　　＊1
	監査役の監査の範囲を会計に関するものに限定す
	る旨の定款の定めがある
登録免許税	金6万円または4万円（カ、ツ）　　＊2
添付書面	株主総会議事録　　　1通　　＊3
	株主リスト　　　　　何通
	就任承諾書　　　　　1通
	本人確認証明書　　　1通
	委任状　　　　　　　1通

＊1　登記すべき事項は、監査役の監査の範囲を会計に関するものに限定する旨の定款の定めを設定した旨と変更年月日である。

＊2　登録免許税は、申請1件につき、次のとおりとなる。

　　1　監査役の変更、監査役の監査の範囲に関する登記（カ区分）

　　　金3万円（資本金の額が1億円以下の会社については1万円）

　　2　監査役設置会社の設定（ツ区分）

　　　金3万円

＊3　監査役設置会社の定めの設定、監査役の選任、監査役の監査の範囲を会計に関するものに限定する旨の定款の定めの設定の決議をした株主総会議事録を添付する（商業登記法46条2項）。

No.12-1 監査役の変更の登記

> 監査役のDが辞任して、新たな監査役Eが就任したときの登記の申請書。

【完了後の登記記録例】

役員に関する事項	監査役　　D	令和何年何月何日就任
		令和何年何月何日登記
		令和何年何月何日辞任
		令和何年何月何日登記
	監査役　　E	令和何年何月何日就任
		令和何年何月何日登記

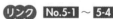 **One Point◆ 退任事由と添付書面**

　退任事由や退任を証する書面は、解散を除いて、取締役と同じです。退任事由に応じて、登記原因や添付書面を置き換えましょう。

リンク No.5-1 ～ 5-4

【申請書】

登記の事由	監査役の変更
登記すべき事項	令和何年何月何日監査役D辞任
	同日監査役E就任
登録免許税	金3万円または1万円（カ）
添付書面	辞任届 1通 ＊1
	株主総会議事録 1通
	株主リスト 1通
	就任承諾書 1通
	本人確認証明書 1通 ＊2
	委任状 1通

＊1 退任を証する書面として、辞任届を添付する（商業登記法54条4項）。

＊2 再任の場合を除いて、監査役の本人確認証明書を添付する（商業登記規則61条7項本文）。ただし、商業登記規則61条6項3号により印鑑証明書を添付したときは、本人確認証明書の添付を要しない（商業登記規則61条7項ただし書）。

監査役の監査の範囲を会計に関するものに限定する旨の定款の定めを廃止し、後任の監査役としてEを選任したときの申請書。

【完了後の登記記録例】

役員に関する事項	監査役　　　D	
		令和何年何月何日退任
		令和何年何月何日登記
	監査役　　　E	令和何年何月何日就任
		令和何年何月何日登記
	監査役の監査の範囲を会計に関するものに限定する旨の定款の定めがある	
		令和何年何月何日廃止
		令和何年何月何日登記

One Point◆　監査役の任期満了

　監査役の監査の範囲を会計に関するものに限定する旨の定款の定めを廃止する定款の変更をしたときは、監査役の任期が満了します（会社法336条4項3号）。このため、会計限定の定款の定めの廃止とともに、監査役の変更の登記もセットで申請することを忘れないようにしましょう。

【申請書】

登記の事由	監査役の監査の範囲を会計に関するものに限定する旨の定款の定めの廃止
	監査役の変更
登記すべき事項	令和何年何月何日監査役の監査の範囲を会計に関するものに限定する旨の定款の定めの廃止　　＊1
	同日監査役Ｄ退任
	同日監査役Ｅ就任
登録免許税	金3万円または1万円（カ）　　＊2
添付書面	株主総会議事録　　1通　＊3
	株主リスト　　何通
	就任承諾書　　1通
	本人確認証明書　　1通
	委任状　　1通

＊1 本事案を含め、以下の定款の変更をしたときは、その効力が生じた時に、監査役の任期が満了する（会社法336条4項）。

① 監査役を置く旨の定款の定めを廃止する定款の変更

② 監査等委員会または指名委員会等を置く旨の定款の変更

③ 監査役の監査の範囲を会計に関するものに限定する旨の定款の定めを廃止する定款の変更

④ その発行する全部の株式の内容として譲渡による当該株式の取得について当該株式会社の承認を要する旨の定款の定めを廃止する定款の変更

＊2 登録免許税は、申請1件につき3万円（資本金の額が1億円以下の会社については1万円）である（カ区分）。なお、監査役の監査の範囲に関する登記の登録免許税の区分は、役員変更と同じ「カ」である（先例平27.2.6-13）。

＊3 定款変更及び監査役の選任に係る株主総会議事録を添付する。本事案では、同じ株主総会で決議をしているため、通数は1通で足りる。

No.13 監査役設置会社の定めの廃止の登記

　取締役会設置会社でない株式会社が、監査役を置く旨の定款の定めを廃止したときの申請書。

【完了後の登記記録例】

役員に関する事項	監査役　E	令和何年何月何日就任
		令和何年何月何日登記
		令和何年何月何日退任
		令和何年何月何日登記

監査役設置会社に関する事項	監査役設置会社	
	令和何年何月何日廃止　令和何年何月何日登記	

One Point♦ 監査役設置会社の定めの廃止と任期満了

1　監査役を置く旨の定款の定めを廃止するためには、株主総会の特別決議による定款の変更の手続を要します。　添付書面

2　監査役設置会社の定めを廃止したときは、監査役の任期が満了します（会社法336条4項1号）。

【申請書】

登記の事由	監査役設置会社の定めの廃止
	監査役の変更
登記すべき事項	令和何年何月何日監査役設置会社の定めの廃止
	同日監査役E退任
登録免許税	金6万円または4万円（カ、ツ）　　　＊1
添付書面	株主総会議事録　　　　1通　　＊2
	株主リスト　　　　　　何通
	委任状　　　　　　　　1通

＊1　登録免許税は、監査役設置会社の定めの廃止分で金3万円（ツ）、役員変更分で金3万円または1万円である（カ）。

＊2　監査役を置く旨の定款の定めを廃止する定款変更をした株主総会事録を添付する（商業登記法46条2項）。

参考 会計限定の定款の定めのある株式会社が、監査役を置く旨の定款の定めを廃止したときの申請書は、以下のとおりである。

登記の事由	監査役設置会社の定めの廃止
	監査役の変更
	監査役の監査の範囲を会計に関するものに限定する旨の定款の定めの廃止
登記すべき事項	令和何年何月何日監査役設置会社の定めの廃止
	同日監査役E退任
	同日監査役の監査の範囲を会計に関するものに限定する旨の定款の定めの廃止　　　　＊3
登録免許税	金6万円または4万円（カ、ツ）　　＊4
添付書面	株主総会議事録　　　　1通
	株主リスト　　　　　　何通
	委任状　　　　　　　　1通

＊3　会計限定の定款の定めのある株式会社が、監査役を置く旨の定款の定めを廃止したときは、監査役設置会社の定めの廃止の登記、監査役の退任による変更の登記に加えて、監査役の監査の範囲を会計に関するものに限定する旨の定款の定めの廃止の登記を申請する。

＊4　登録免許税は、監査役設置会社の定めの廃止の分で金3万円（ツ）、監査役の変更及び監査役の監査の範囲を会計に関するものに限定する旨の定款の定めの廃止の分で金3万円または1万円（カ）の合計金6万円または4万円である。

監査役2名の株式会社が、新たに監査役1名を選任した上で、監査役会を置く旨の定款の変更をしたときの申請書。

【完了後の登記記録例】

役員に関する事項	監査役　　E	令和何年何月何日就任
		令和何年何月何日登記
	監査役　　F	令和何年何月何日就任
		令和何年何月何日登記
	監査役　　F (社外監査役)	
		令和何年何月何日社外監査役の登記
	監査役　　G (社外監査役)	令和何年何月何日就任
		令和何年何月何日登記

監査役設置会社に関する事項	監査役設置会社 　　　　　　　　　令和何年何月何日設定　令和何年何月何日登記

監査役会設置会社に関する事項	監査役会設置会社 　　　　　　　　　令和何年何月何日設定　令和何年何月何日登記

One Point◆　監査役会設置会社のポイント

　監査役会設置会社においては、監査役は3人以上で、そのうち半数以上は、社外監査役でなければなりません（会社法335条3項）。そして、この場合、社外監査役の登記を要します（会社法911条3項18号）。その場合の申請書の記載の要領は、特別取締役による議決の定めの登記と同じです（**No.9**参照）。

【申請書】

登記の事由	監査役会設置会社の定めの設定
	監査役の変更
登記すべき事項	令和何年何月何日監査役会設置会社の定めの設定
	同日監査役（社外監査役）G就任
	監査役Fは、社外監査役である ＊1
登録免許税	金6万円または4万円（ワ、カ） ＊2
添付書面	株主総会議事録 1通 ＊3
	株主リスト 何通
	就任承諾書 1通
	本人確認証明書 1通
	委任状 1通

＊1 監査役会設置会社であるときは、監査役のうち社外監査役であるものについて社外監査役である旨を登記する（会社法911条3項18号）。この場合の社外監査役である旨の登記は、**No.9**の特別取締役による議決の定めの設定の登記の申請書と同じ要領で記載すればよい。

＊2 登録免許税は、監査役会設置会社の定めの設定分で金3万円（ワ）、役員変更分で金3万円または1万円である（カ）。

＊3 監査役会設置会社の定めを設定した定款変更に係る株主総会議事録を添付する（商業登記法46条2項）。このほか、それと同時に監査役が就任したときは、就任承諾書や本人確認証明書などの書面の添付を要する（**No.11-1**参照）。なお、社外性を証する書面の添付は不要である。

No.15 監査役会設置会社の定めの廃止の登記

監査役会を置く旨の定款の定めを廃止したときの申請書。

【完了後の登記記録例】

役員に関する事項	監査役　　E	令和何年何月何日就任
		令和何年何月何日登記
	監査役　　F (社外監査役)	令和何年何月何日就任
		令和何年何月何日登記
	監査役　　F	令和何年何月何日監査役会設置会社の定め廃止により変更
		令和何年何月何日登記
	監査役　　G (社外監査役)	令和何年何月何日就任
		令和何年何月何日登記
	監査役　　G	令和何年何月何日監査役会設置会社の定め廃止により変更
		令和何年何月何日登記

監査役設置会社に関する事項	監査役設置会社 　　　　　　　令和何年何月何日設定　令和何年何月何日登記

監査役会設置会社に関する事項	監査役会設置会社
	令和何年何月何日廃止　令和何年何月何日登記

One Point ◆ 監査役会設置会社の定めの廃止

　本事例のポイントも、社外監査役である旨の登記を要しなくなったときの申請書の書き方です。No.10 で学習した特別取締役による議決の定めの廃止の登記の社外取締役を、社外監査役にそのまま置き換えましょう。

【申請書】

登記の事由	監査役会設置会社の定めの廃止
	監査役の変更
登記すべき事項	令和何年何月何日監査役会設置会社の定めの廃止
	同日監査役（社外監査役）F、同Gにつき監査役会
	設置会社の定めの廃止により変更
	監査役　　F
	監査役　　G
登録免許税	金6万円または4万円（ワ、カ）　　　＊
添付書面	株主総会議事録　　　　　1通
	株主リスト　　　　　　　1通
	委任状　　　　　　　　　1通

＊ 登録免許税は、監査役会設置会社の定めの廃止分で金3万円（ワ）、役員変更分で金
3万円または1万円である（カ）。

No.16 会計参与設置会社の定めの設定、会計参与の就任の登記

会計参与を置く旨の定款の変更をしたときの申請書。

【完了後の登記記録例】

役員に関する事項	会計参与　税理士法人オートマ （書類等備置場所）東京都 G 区 H 町一丁目 4 番 4 号	令和何年何月何日就任
		令和何年何月何日登記

会計参与設置会社に関する事項	会計参与設置会社 　　　　　　　　令和何年何月何日設定　令和何年何月何日登記

🐕 **One Point ◆ 会計参与は登記事項に注意**

1　会計参与を置くためには、定款の定めを要します（会社法326条 2 項）。また、会計参与は、株主総会の決議で選任します（会社法329条 1 項）。　**添付書面**

2　会計参与は、公認会計士、監査法人、税理士、税理士法人でなければなりません（会社法333条 1 項）。　**添付書面**

3　会計参与の氏名または名称のほか、書類等備置場所が登記事項となります（会社法911条 3 項16号）。

【申請書】

登記の事由	会計参与設置会社の定めの設定	
	会計参与の変更	
登記すべき事項	令和何年何月何日会計参与設置会社の定めの設定	
	同日次の者会計参与に就任	
	税理士法人オートマ	
	（書類等備置場所）	
	東京都G区H町一丁目4番4号	
登録免許税	金6万円または4万円（カ、ツ）	＊1
添付書面	株主総会議事録　　　　　1通	
	株主リスト　　　　　　　何通	
	就任承諾書　　　　　　　1通	
	登記事項証明書　　　　　1通　　＊2	
	委任状　　　　　　　　　1通	

＊1　登録免許税は、会計参与設置会社の定めの設定分で金3万円（ツ）、役員変更分で金3万円または1万円である（カ）。

＊2　会計参与の資格を証明するために、以下の書面の添付を要する（商業登記法54条2項2号・3号）。

　　・会計参与が法人であるときは、登記事項証明書（ただし、株式会社と税理士法人等の管轄登記所が同一であれば、添付を要しない）

　　・会計参与が法人でないときは、公認会計士または税理士であることを証する書面

　　また、法人である会計参与について登記事項証明書を添付する場合でも、申請書に法人である会計参与の会社法人等番号を記載したときは、登記事項証明書の添付を省略することができる（商業登記法19条の3）。この場合、添付書面の欄を以下のとおり置き換えよう。

添付書面	株主総会議事録　　　　　1通	
	株主リスト　　　　　　　何通	
	就任承諾書　　　　　　　1通	
	登記事項証明書　　　　　添付省略	
	（会社法人等番号　1234-56-789000)	
	委任状　　　　　　　　　1通	

No.17 会計参与の退任による変更の登記

会計参与Hが辞任したときの申請書。

【完了後の登記記録例】

役員に関する事項	会計参与　H （書類等備置場所）東京都何区何町何丁目何番何号	令和何年何月何日就任
		令和何年何月何日登記
		令和何年何月何日辞任
		令和何年何月何日登記

【申請書】

登記の事由	会計参与の変更
登記すべき事項	令和何年何月何日会計参与H辞任
登録免許税	金3万円または1万円（カ）
添付書面	辞任届　　　　1通
	委任状　　　　1通

One Point♦ 会計参与の変更

　会計参与の退任による変更の登記は、取締役と同じように考えればよろしいです。退任事由に応じて、添付書面などを置き換えましょう。

 No.5-1 ～ 5-4

68

No.18 計算書類等の備置場所の変更

会計参与が、書類等備置場所を変更したときの申請書。

【完了後の登記記録例】

役員に関する事項	会計参与　税理士法人オートマ（書類等備置場所）東京都G区H町一丁目4番4号	令和何年何月何日就任
		令和何年何月何日登記
	会計参与　税理士法人オートマ（書類等備置場所）東京都D区E町一丁目2番3号	令和何年何月何日備置場所の変更
		令和何年何月何日登記

【申請書】

```
登記の事由      会計参与の変更
登記すべき事項   令和何年何月何日会計参与税理士法人オートマの書類
              等備置場所の変更
              （書類等備置場所）東京都D区E町一丁目2番3号
登録免許税      金3万円または1万円（カ）
添付書面       委任状        1通     ＊
```

＊　代理人によって申請する場合の委任状以外の書面の添付を要しない。

会計参与を置く旨の定めを廃止する定款の変更をしたときの申請書。

【完了後の登記記録例】

役員に関する事項	会計参与　税理士法人オートマ（書類等備置場所）東京都Ｇ区Ｈ町一丁目４番４号	令和何年何月何日就任
		令和何年何月何日登記
		令和何年何月何日退任
		令和何年何月何日登記

会計参与設置会社に関する事項	会計参与設置会社
	令和何年何月何日廃止　令和何年何月何日登記

One Point ◆ 会計参与の任期満了

　会計参与を置く旨の定めを廃止する定款の変更をしたときは、会計参与の任期が満了します（会社法334条 2 項）。

【申請書】

登記の事由	会計参与設置会社の定めの廃止
	会計参与の変更
登記すべき事項	令和何年何月何日会計参与設置会社の定めの廃止
	同日会計参与税理士法人オートマ退任　　＊1
登録免許税	金6万円または4万円（カ、ツ）　　＊2
添付書面	株主総会議事録　　　　1通
	株主リスト　　　　　　1通
	委任状　　　　　　　　1通

＊1　会計参与を置く旨の定款の定めを廃止すると、その定款変更の効力が生じた時に、会計参与の任期が満了する（会社法334条2項）。そのため、会計参与の任期満了による退任の登記も併せて申請する。

＊2　登録免許税は、会計参与設置会社の定めの廃止分で金3万円（ツ）、役員変更分で金3万円または1万円である（カ）。

会計監査人設置会社の定めの設定の登記

会計監査人を置く旨の定款の変更をしたときの申請書。

【完了後の登記記録例】

役員に関する事項	会計監査人　　　J	令和何年何月何日就任
		令和何年何月何日登記

会計監査人設置会社に関する事項	会計監査人設置会社　　　　　　　　　　令和何年何月何日設定	令和何年何月何日登記

One Point◆ 会計監査人の登記

1　会計監査人は、公認会計士または監査法人であることを要します（会社法337条1項）。

　　添付書面

2　会計監査人は役員ではありません（会社法329条1項カッコ書参照）。

3　会計監査人の氏名または名称が登記事項となります（会社法911条3項19号）。

【申請書】

登記の事由	会計監査人設置会社の定めの設定		
	会計監査人の変更		
登記すべき事項	令和何年何月何日会計監査人設置会社の定めの設定		
	同日会計監査人 J 就任		
登録免許税	金6万円または4万円（ツ、カ）		＊1
添付書面	株主総会議事録	1通	
	株主リスト	何通	
	就任承諾書	1通	
	公認会計士であることを証する書面	1通	＊2
	委任状	1通	

＊1　登録免許税は、会計監査人設置会社の定めの設定分で金3万円（ツ）、役員変更分で金3万円または1万円である（カ）。

＊2　会計監査人の資格を証明するために、以下の書面の添付を要する（商業登記法54条2項2号・3号）。

・会計監査人が法人であるときは、登記事項証明書（ただし、株式会社と監査法人の管轄登記所が同一であれば、添付を要しない）

・会計監査人が法人でないときは、公認会計士であることを証する書面

また、法人である会計監査人について登記事項証明書を添付する場合でも、申請書に監査法人の会社法人等番号を記載したときは、登記事項証明書の添付を省略することができる（商業登記法19条の3）。この場合、添付書面の欄を以下のとおり置き換えよう。

添付書面	株主総会議事録	1通	
	株主リスト	何通	
	就任承諾書	1通	
	登記事項証明書	添付省略	
	（会社法人等番号　1234-56-789011）		
	委任状	1通	

会計監査人の重任の登記
（みなし再任）

会計監査人設置会社が、定時株主総会で別段の決議をしなかったため、会計監査人が再任されたものとみなされたときの申請書。

【完了後の登記記録例】

役員に関する事項	会計監査人　　ＡＢＣ監査法人	令和何年何月何日就任
		令和何年何月何日登記
	会計監査人　　ＡＢＣ監査法人	令和何年何月何日重任
		令和何年何月何日登記

 One Point◆ 会計監査人といえば「みなし再任」

会計監査人といえば、みなし再任です。会社法の条文を確認しておきましょう。

会社法338条（会計監査人の任期）

1　会計監査人の任期は、選任後1年以内に終了する事業年度のうち最終のものに関する定時株主総会の終結の時までとする。

2　会計監査人は、前項の定時株主総会において別段の決議がされなかったときは、当該定時株主総会において再任されたものとみなす。

（以下、省略）

第**1**編 株式会社の登記

【申請書】

登記の事由	会計監査人の変更
登記すべき事項	令和何年何月何日会計監査人ＡＢＣ監査法人重任
登録免許税	金３万円または１万円（カ）
添付書面	株主総会議事録　　　　１通　　　＊
	登記事項証明書　　　　１通
	委任状　　　　　　　　１通

＊　みなし再任の登記の申請書には、別段の決議をしなかったことを証する定時株主総会の議事録、商業登記法54条２項２号または３号の書面（法人である場合の登記事項証明書、法人でない場合の資格を証する書面）の添付を要するが、会計監査人の就任承諾書の添付を要しない（先例平18.3.31－782）。

参考

　会計監査人のみなし再任による重任登記のみを申請する場合、株主総会において会計監査人の選任の決議をしていないため、その変更の登記の申請書には、株主リストの添付を要しない。

One Point◆　そのほかの会計監査人の退任

　本事例のほか、会計監査人の退任による変更の登記は、取締役と同じように考えればよろしいです。

リンク No.5-1 ～ 5-4

　　会計監査人が死亡したため、監査役が一時会計監査人の職務を行うべき者
（仮会計監査人）を選任したときの申請書。

【完了後の登記記録例】

役員に関する事項	会計監査人　　J	令和何年何月何日就任
		令和何年何月何日登記
		令和何年何月何日死亡
		令和何年何月何日登記
	仮会計監査人　　ＡＢＣ監査法人	令和何年何月何日就任
		令和何年何月何日登記

【申請書】

```
登記の事由      会計監査人の変更
登記すべき事項   令和何年何月何日会計監査人Ｊ死亡
               同日仮会計監査人ＡＢＣ監査法人就任
登録免許税      金3万円または1万円（カ）
添付書面       死亡届          1通
               監査役の選任書     1通      ＊
               就任承諾書       1通
               登記事項証明書     1通
               委任状         1通
```

＊　仮会計監査人は、監査役、監査役会、監査等委員会、監査委員会が選任する（会社法
　346条4項、6～8項）。監査役会等が選任したときは、それぞれの議事録を添付しよう。

No.**23** 会計監査人設置会社の定めの廃止の登記

会計監査人を置く旨の定めを廃止する定款の変更をしたときの申請書。

【完了後の登記記録例】

役員に関する事項	会計監査人　ＡＢＣ監査法人	令和何年何月何日重任
		令和何年何月何日登記
		令和何年何月何日退任
		令和何年何月何日登記

会計監査人設置会社に関する事項	会計監査人設置会社	
	令和何年何月何日廃止　令和何年何月何日登記	

【申請書】

```
登記の事由      会計監査人設置会社の定めの廃止
              会計監査人の変更
登記すべき事項   令和何年何月何日会計監査人設置会社の定めの廃止
              同日会計監査人ＡＢＣ監査法人退任
登録免許税      金６万円または４万円（ツ、カ）
添付書面       株主総会議事録        １通
              株主リスト           １通
              委任状              １通
```

🐕 One Point ◆ 会計監査人の任期満了

　会計監査人設置会社の定めを廃止する定款の変更をしたときは、会計監査人の任期は、定款変更の効力が生じた時に満了します（会社法338条３項）。

No.24-1 監査等委員会設置会社の登記

株式会社が、新たに監査等委員会設置会社となった場合の申請書。

【申請書】

登記の事由	監査役設置会社の定めの廃止　　＊1
	監査等委員会設置会社の定めの設定
	取締役、監査役及び代表取締役の変更
	重要な業務執行の決定の取締役への委任についての
	定めの設定
登記すべき事項	令和何年何月何日監査役設置会社の定めの廃止
	同日監査等委員会設置会社の定めの設定
	同日次の者退任　　＊2
	取締役　　　　　B
	監査役　　　　　F
	同日次の者重任
	取締役　　　　A
	取締役（社外取締役）　C　　＊3
	何市何町何丁目何番何号
	代表取締役　A
	同日次の者就任
	取締役・監査等委員　　　B　　＊4
	取締役・監査等委員（社外取締役）　D
	取締役・監査等委員（社外取締役）　E
	同日次のとおり設定
	重要な業務執行の決定の取締役への委任に関する事項
	重要な業務執行の決定の取締役への委任について
	の定款の定めがある　　＊5
登録免許税	金9万円または7万円（ワ、カ、ツ）　　＊6
添付書面	株主総会議事録　　　1通　　＊7
	株主リスト　　　　　何通
	取締役会議事録　　　1通
	就任承諾書　　　　　何通
	本人確認証明書　　　何通
	（印鑑証明書　　　　何通）
	委任状　　　　　　　1通

＊1　監査等委員会設置会社は監査役を置くことができないため、監査役設置会社であるときは、その廃止の登記を申請する（会社法327条4項）。また、監査等委員会設置会社は、会計監査人の設置が義務づけられるため、事案に応じて、会計監査人設置会社の定めの設定および会計監査人の就任の登記も追加しよう（会社法327条5項）。

＊2　監査等委員会を置く旨の定款の変更をした場合、取締役または監査役の任期が満了するため、その退任または重任の登記を申請する（会社法332条7項1号、336条4項2号）。

＊3　監査等委員会設置会社であるときは、取締役のうち社外取締役であるものについて、社外取締役である旨を登記する（会社法911条3項22号ロ）。

＊4　監査等委員会設置会社においては、監査等委員である取締役は3人以上で、その過半数は、社外取締役であることを要する（会社法331条6項）。

＊5　重要な業務執行の決定の取締役への委任についての定款の定めがあるときは、その旨が登記事項となる（会社法911条3項22号ハ）。

＊6　登録免許税の内訳は、次のとおりである。
　1　監査等委員会設置会社の定めの設定分（ワ区分）　3万円
　2　役員変更分（カ区分）　3万円（資本金の額が1億円以下であるときは1万円）
　3　登記事項変更分（ツ区分）　3万円
　　（注）　監査役設置会社の定めの廃止の登記と重要な業務執行の決定の委任に関する登記が、ツの区分である（先例平27.2.6-13）。

＊7　役員の選任のほか、監査等委員会設置会社の定めを設定したこと、重要な業務執行の決定の取締役への委任についての定款の定めを設定したことを証するため、株主総会議事録を添付する（商業登記法46条2項）。そのほか、役員変更に係る書面を添付しよう。

One Point◆ **監査等委員会設置会社**

No.24-1 は、取締役A、B、C、代表取締役A、監査役F、会計監査人ABC監査法人という会社が監査等委員会設置会社となった事例を示しています。監査等委員会設置会社においては、監査等委員である取締役とそれ以外の取締役の氏名が登記事項となります（会社法911条3項22号イ）。そのため、監査等委員である取締役については、「取締役・監査等委員」として登記されます。なお、完了後の登記記録例は、次のページを参照しましょう。

先例

　監査等委員会設置会社となるに際して、従前の取締役が監査等委員である取締役に就任したときは、「再任」に当たるため、その者の本人確認証明書の添付を要しない（質疑登研808P148）。
　→ No.24-1 の事例のBが、これに当たる。

【完了後の登記記録例】

役員に関する事項	取締役	A	
	取締役	A	令和何年何月何日重任
			令和何年何月何日登記
	取締役	B	
			令和何年何月何日退任
			令和何年何月何日登記
	取締役	C	
	取締役 （社外取締役）	C	令和何年何月何日重任
			令和何年何月何日登記
	取締役・監査等 委員	B	令和何年何月何日就任
			令和何年何月何日登記
	取締役・監査等 委員 （社外取締役）	D	令和何年何月何日就任
			令和何年何月何日登記
	取締役・監査等 委員 （社外取締役）	E	令和何年何月何日就任
			令和何年何月何日登記
	何市何町何丁目何番何号 代表取締役　　　A		
	何市何町何丁目何番何号 代表取締役　　　A		令和何年何月何日重任
			令和何年何月何日登記
	監査役	F	
			令和何年何月何日退任
			令和何年何月何日登記
	会計監査人　　ＡＢＣ監査法人		
取締役会設置会社 に関する事項	取締役会設置会社		

監査役設置会社に関する事項	<u>監査役設置会社</u>		
		令和何年何月何日廃止	令和何年何月何日登記
監査等委員会設置会社に関する事項	監査等委員会設置会社		
		令和何年何月何日設定	令和何年何月何日登記
重要な業務執行の決定の取締役への委任に関する事項	重要な業務執行の決定の取締役への委任についての定款の定めがある		
		令和何年何月何日設定	令和何年何月何日登記
会計監査人設置会社に関する事項	会計監査人設置会社		

No.24-2 監査等委員である取締役の任期満了による退任の登記

監査等委員である取締役Aが、任期満了により退任したときの申請書。なお、Aは、社外取締役であり、また、株主総会議事録には任期満了の旨の記載がないものとする。

【完了後の登記記録例】

役員に関する事項	取締役・監査等委員　A（社外取締役）	
		令和何年何月何日退任
		令和何年何月何日登記

【申請書】

登記の事由	監査等委員である取締役の変更		＊1
登記すべき事項	令和何年何月何日次の者退任		
	取締役・監査等委員（社外取締役）　A		
登録免許税	金3万円または1万円（カ）		
添付書面	定款	1通	＊2
	株主総会議事録	1通	
	委任状	1通	

＊1　登記の事由は、「取締役の変更」でもよい。

＊2　添付書面は、監査等委員会設置会社以外の会社の取締役の退任登記のケースと相違がない（ No.5-1 参照）。このほか、辞任や解任、死亡などにより退任したときも、事案に応じて、退任事由や添付書面を置き換えよう。

参考 監査等委員である取締役の解任

監査等委員である取締役を解任するときは、株主総会の特別決議を要する（会社法309条2項7号）。

No.**24**-3 監査等委員である取締役の重任の登記

監査等委員である取締役Ａが、任期満了と同時に、監査等委員である取締役に就任したときの申請書。なお、Ａは、社外取締役であり、また、定時株主総会議事録には任期満了の旨の記載がないものとする。

【完了後の登記記録例】

役員に関する事項	取締役・監査等委員　Ａ（社外取締役）	令和何年何月何日就任
		令和何年何月何日登記
	取締役・監査等委員　Ａ（社外取締役）	令和何年何月何日重任
		令和何年何月何日登記

【申請書】

```
登記の事由      監査等委員である取締役の変更
登記すべき事項   令和何年何月何日次の者重任
               取締役・監査等委員（社外取締役）　Ａ
登録免許税      金３万円または１万円（カ）
添付書面       定款          １通     ＊１
               株主総会議事録    １通
               株主リスト       １通
               就任承諾書       １通     ＊２
               委任状         １通
```

＊１　添付書面は、取締役の重任登記のケースと相違がない（ No.**4-1** 参照）。

＊２　重任は「再任」に含まれるため、本人確認証明書の添付を要しない。

先例

任期満了により退任した監査等委員である取締役が、同日、監査等委員である取締役以外の取締役に就任したときは、「年月日退任」「年月日就任」の登記をすべきであり、「年月日重任」の登記をすることはできない（先例平27.2.6-14）。

→その逆もまた然りであり、監査等委員である取締役以外の取締役が、任期満了と同時に監査等委員である取締役に就任したときも、重任登記は不可。

監査等委員会設置会社の定めを廃止し、監査役を設置したときの申請書。

【申請書】

登記の事由	監査等委員会設置会社の定めの廃止
	重要な業務執行の決定の取締役への委任についての
	定めの廃止
	監査役設置会社の定めの設定
	取締役、監査役及び代表取締役の変更
登記すべき事項	令和何年何月何日監査等委員会設置会社の定めの廃止
	同日重要な業務執行の決定の取締役への委任につい
	ての定めの廃止
	同日監査役設置会社の定めの設定
	同日次の者退任　　＊1
	取締役・監査等委員　　　　B
	取締役・監査等委員（社外取締役）　D　　＊2
	取締役・監査等委員（社外取締役）　E
	同日次の者重任
	取締役　　　　A
	取締役　　　　C
	何市何町何丁目何番何号
	代表取締役　　A
	同日次の者就任
	取締役　　　　E
	監査役　　　　F
登録免許税	金9万円または7万円（ワ、カ、ツ）　　＊3
添付書面	株主総会議事録　　　　1通
	株主リスト　　　　　　何通
	取締役会議事録　　　　1通
	就任承諾書　　　　　　何通
	本人確認証明書　　　　何通
	（印鑑証明書　　　　　何通）
	委任状　　　　　　　　1通

＊1　監査等委員会を置く旨の定款の定めを廃止する定款変更をしたときは、取締役の任期が満了する（会社法332条7項2号）。一方、会計監査人については、同時に会計監査人設置会社の定めを廃止しない限り、その任期に影響はないことに注意しよう。

＊2　監査等委員会設置会社の定めを廃止したときは、社外取締役である旨の登記を残すべき場合（会社法911条3項21号ハ、23号イ）でない限り、社外取締役である旨の抹消登記を要する。

＊3　登録免許税の内訳は、次のとおりである。

　　　1　監査等委員会設置会社の定めの廃止分（ワ区分）　3万円

　　　2　役員変更分（カ区分）　3万円（資本金の額が1億円以下であるときは1万円）

　　　3　登記事項変更分（ツ区分）　3万円

　　（注）　監査役設置会社の定めの設定の登記と重要な業務執行の決定の委任に関する登記が、ツの区分である（先例平27.2.6-13)。

指名委員会等設置会社の登記

株式会社が新たに指名委員会等設置会社となったときの申請書。

【申請書】

登記の事由	監査役設置会社の定めの廃止
	指名委員会等設置会社の定めの設定
	会計監査人設置会社の定めの設定
	役員等の変更
登記すべき事項	令和何年何月何日監査役設置会社の定めの廃止
	同日指名委員会等設置会社の定めの設定
	同日会計監査人設置会社の定めの設定
	同日次の者退任　　＊1
	代表取締役　　A
	監査役　　　　X
	同日次の者重任
	取締役　　　　A
	取締役　　　　B
	取締役　　　　C
	取締役　　　　D
	取締役（社外取締役）　E　　＊2
	取締役（社外取締役）　F
	取締役（社外取締役）　G
	同日次の者就任
	指名委員　　B、E、F　　＊3
	監査委員　　C、F、G
	報酬委員　　D、E、G
	執行役　　　A
	何市何町何丁目何番何号　　＊4
	代表執行役　A
	会計監査人　ABC監査法人
登録免許税	金9万円または7万円（ワ、カ、ツ）　＊5
添付書面	株主総会議事録　　　1通
	株主リスト　　　　　何通
	取締役会議事録　　　1通

就任承諾書	何通
本人確認証明書	何通
印鑑証明書	何通
登記事項証明書	1通
委任状	1通

＊1　指名委員会等を置く旨の定款の変更をした場合、取締役（代表取締役）、会計参与及び監査役の任期が満了するため、その退任または重任の登記を申請する（会社法332条7項1号、334条1項、336条4項2号）。

　　　また、指名委員会等設置会社は監査役を置くことができないため、監査役設置会社の定めの廃止の登記も忘れないように注意しよう（会社法327条4項）。

＊2　指名委員会等設置会社であるときは、取締役のうち、社外取締役であるものについて、社外取締役である旨が登記事項となる（会社法911条3項23号イ）。

＊3　各委員会の委員及び執行役の氏名が登記事項となるため、このとおり記載する（会社法911条3項23号ロ）。なお、各委員会の委員の過半数は、社外取締役でなければならない（会社法400条3項）。

＊4　指名委員会等設置会社においては、代表執行役が代表権を有する（会社法420条3項、349条4項）。そのため、代表執行役の氏名及び住所が登記事項となる（会社法911条3項23号ハ）。

＊5　登録免許税の内訳は、次のとおりである。

　　　1　指名委員会等設置会社の定め設定分（ワ区分）　3万円

　　　2　役員変更分（カ区分）　3万円（資本金の額が1億円以下の場合は1万円）

　　　3　登記事項変更分（監査役設置会社の定めの廃止など　ツ区分）　3万円

指名委員会等設置会社の定めを廃止し、監査役を設置した場合の申請書。

【申請書】

登記の事由	指名委員会等設置会社の定めの廃止
	監査役設置会社の定めの設定
	役員等の変更
登記すべき事項	令和何年何月何日指名委員会等設置会社の定めの廃止
	同日監査役設置会社の定めの設定
	同日次の者退任　　＊1
	取締役　　　　C
	取締役　　　　D
	取締役（社外取締役）　F　　＊2
	取締役（社外取締役）　G
	指名委員　　　B、E、F
	監査委員　　　C、F、G
	報酬委員　　　D、E、G
	執行役　　　　A
	代表執行役　　A
	同日次の者重任
	取締役　　　　A
	取締役　　　　B
	取締役　　　　E
	同日次の者就任　　＊3
	何市何町何丁目何番何号
	代表取締役　　A
	監査役　　　　X
登録免許税	金9万円または7万円（ワ、カ、ツ）　　＊4
添付書面	株主総会議事録　　　1通
	株主リスト　　　　　何通
	取締役会議事録　　　1通
	就任承諾書　　　　　何通
	本人確認証明書　　　何通
	印鑑証明書　　　　　何通
	委任状　　　　　　　1通

＊1　指名委員会等設置会社の定めを廃止した場合、取締役等の任期が満了するため、その退任または重任の登記を申請する（会社法332条7項2号、334条1項、402条8項）。

＊2　指名委員会等設置会社の定めを廃止したときは、社外取締役である旨の登記を残すべき場合（会社法911条3項21号ハ、22号ロ）でない限り、社外取締役である旨の抹消登記を要する。

＊3　指名委員会等設置会社の定めを廃止したときは、代表取締役の就任の登記を忘れないようにしよう。また、引き続き取締役会を置く限り、監査等委員会設置会社に移行する場合を除いて、原則として、監査役を置かなければならない（会社法327条2項）。そのため、監査役設置会社の登記及び監査役の就任の登記も併せて申請しよう。

＊4　登録免許税の内訳は、次のとおりである。

　　　1　指名委員会等設置会社の定めの廃止分（ワ区分）　　　3万円

　　　2　役員変更分（カ区分）　　3万円（資本金の額が1億円以下の場合は1万円）

　　　3　監査役設置会社の定めの設定分（ツ区分）　　3万円

第6節　役員等の責任免除、責任の制限の登記

No.26　責任免除に関する定めの設定の登記

株式会社が、取締役または監査役の会社に対する責任の免除に関する定めを設けたときの申請書。

【完了後の登記記録例】

取締役等の会社に対する責任の免除に関する規定	当会社は、会社法第426条の規定により、取締役会の決議をもって、同法第423条の行為に関する取締役（取締役であった者を含む。）の責任を法令の限度内において免除することができる。 　当会社は、会社法第426条の規定により、取締役会の決議をもって、同法第423条の行為に関する監査役（監査役であった者を含む。）の責任を法令の限度内において免除することができる。 　　　　　　　令和何年何月何日設定　令和何年何月何日登記

One Point◆ 記述式試験での目の付け所

　取締役等による免除に関する定款の定めを設けることができるのは、取締役が2人以上ある監査役設置会社か、監査等委員会設置会社、指名委員会等設置会社です（会社426条1項）。また、定款の定めを要する点にも注意しましょう。

【申請書】

> 登記の事由　取締役等の会社に対する責任の免除に関する規定の設定
>
> 登記すべき事項
>
> 　令和何年何月何日次のとおり設定
>
> 　取締役等の会社に対する責任の免除に関する規定
>
> 　　当会社は、会社法第426条の規定により、取締役会の決議をもって、
> 　　同法第423条の行為に関する取締役（取締役であった者を含む。）
> 　　の責任を法令の限度内において免除することができる。
>
> 　　当会社は、会社法第426条の規定により、取締役会の決議をもって、
> 　　同法第423条の行為に関する監査役（監査役であった者を含む。）
> 　　の責任を法令の限度内において免除することができる。
>
> 登録免許税　金3万円（ツ）　　＊1
>
> 添付書面　　株主総会議事録　　1通　　　＊2
>
> 　　　　　　株主リスト　　　　1通
>
> 　　　　　　委任状　　　　　　1通

＊1　登録免許税は、金3万円である（ツ）。

＊2　定款変更をした株主総会議事録を添付する（商業登記法46条2項）。

参考 取締役等の責任免除の規定を廃止した場合の申請書は、次のとおりである。

> 登記の事由　　　取締役等の会社に対する責任の免除に関する規定の廃止
>
> 登記すべき事項
>
> 　令和何年何月何日取締役等の会社に対する責任の免除に関する規定の廃止
>
> 登録免許税　　　金3万円（ツ）
>
> 添付書面　　　　株主総会議事録　　1通
>
> 　　　　　　　　株主リスト　　　　1通
>
> 　　　　　　　　委任状　　　　　　1通

　登録免許税は、ツの区分で金3万円である。なお、監査役設置会社の定めを廃止する場合や、監査役の監査の範囲を会計に関するものに限定する旨の定款の定めを設定する場合などは、監査役設置会社でなくなることから、役員等の責任免除の規定の廃止の登記も併せて申請することとなる。

No.27 責任限定契約の登記

業務を執行しない取締役と監査役の責任の制限に関する規定を設定したときの申請書。

【完了後の登記記録例】

非業務執行取締役等の会社に対する責任の制限に関する規定	当会社は、会社法第427条の規定により、取締役（業務執行取締役等であるものを除く。）及び監査役との間に、同法第423条の行為による賠償責任を限定する契約を締結することができる。ただし、当該契約に基づく賠償責任の限度額は、金500万円以上であらかじめ定めた金額または法令が規定する額のいずれか高い額とする。 令和何年何月何日設定　令和何年何月何日登記

One Point◆ 記述式試験での目の付け所

株式会社は、業務を執行しない取締役、会計参与、監査役または会計監査人との間で、責任限定契約を締結することができる旨を定款で定めることができます（会社法427条1項）。

この場合、契約内容ではなく、定款の定めそのものが、登記事項となる点に注意しましょう（会社法911条3項25号）。

【申請書】

登記の事由	非業務執行取締役等の会社に対する責任の制限に関する規定の設定

登記すべき事項

　令和何年何月何日次のとおり設定

　非業務執行取締役等の会社に対する責任の制限に関する規定

　　当会社は、会社法第427条の規定により、取締役（業務執行取締役等であるものを除く。）及び監査役との間に、同法第423条の行為による賠償責任を限定する契約を締結することができる。ただし、当該契約に基づく賠償責任の限度額は、金500万円以上であらかじめ定めた金額または法令が規定する額のいずれか高い額とする。

登録免許税	金3万円（ツ）	＊1	
添付書面	株主総会議事録	1通	＊2
	株主リスト	1通	
	委任状	1通	

＊1　登録免許税は、申請件数1件につき金3万円である（ツ）。

＊2　定款変更をした株主総会議事録を添付する（商業登記法46条2項）。

参考 非業務執行取締役等の責任制限の定めを廃止したときの申請書は、次のとおりである。

登記の事由	非業務執行取締役等の会社に対する責任の制限に関する規定の廃止

登記すべき事項

　令和何年何月何日非業務執行取締役等の会社に対する責任の制限に関する規定の廃止

登録免許税	金3万円（ツ）		
添付書面	株主総会議事録	1通	
	株主リスト	1通	
	委任状	1通	

登録免許税は、ツの区分で金3万円である。

No.1 設立登記の申請書の記載例
（登記の事由〜登録免許税まで）

発起設立により株式会社を設立したときの申請書。

登記の事由　　　　令和何年何月何日発起設立の手続終了　　＊1
登記すべき事項　　＊2
　　　　商号　オートマ商事株式会社
　　　　本店　東京都A区B町一丁目1番1号
　　　　公告をする方法　官報に掲載してする
　　　　目的　1　インテリアショップの経営
　　　　　　　2　雑貨の販売
　　　　　　　3　前各号に附帯する一切の業務
　　　　発行可能株式総数　5000株
　　　　発行済株式の総数　1000株
　　　　資本金の額　金1000万円
　　　　株式の譲渡制限に関する規定
　　　　　当会社の株式を譲渡により取得するには、株主総会の承認を
　　　　　受けなければならない
　　　　役員に関する事項
　　　　　　取締役　　　山本一郎
　　　　　　取締役　　　甲野太郎
　　　　　　取締役　　　乙野次郎
　　　　　　何市何町何丁目何番何号
　　　　　　代表取締役　山本一郎
　　　　　　監査役　　　丙野三郎
　　　　　　監査役の監査の範囲を会計に関するものに限定する旨の定款
　　　　　　の定めがある
　　　　取締役会設置会社
　　　　監査役設置会社
　　　　登記記録に関する事項　　設立
　　課税標準金額　　金1000万円（イ）
　　登録免許税　　　金15万円　＊3

```
添付書面
  定款                                1通    ＊4
  発起人の過半数の同意を証する書面             1通
  発起人全員の同意を証する書面               1通
  発起人の議決権の過半数の一致を証する書面        1通
  設立時代表取締役を選定したことを証する書面       1通
  就任承諾書                           5通
  本人確認証明書                         3通
  印鑑証明書                           1通
  払込みがあったことを証する書面              1通
  委任状                             1通
```

＊1　募集設立のときは、登記の事由を「令和何年何月何日募集設立の手続終了」と置き換えよう。

＊2　記載例のほか、株式会社の登記事項の詳細は、会社法911条３項を参照しよう。

＊3　登録免許税は、資本金の額の1000分の７である。また、これによって計算した額が15万円に満たないときは15万円となる（イ）。

＊4　添付書面の詳細は、後述の添付書面一覧を参考に、事案に応じて必要な書面を添付しよう。

🐕 One Point◆ 設立登記のポイント

　株式会社の設立登記では、定款の記載事項のうち、何が登記事項となるのかをわかるようにしておきましょう。その答えが、会社法911条３項に書いてあります。また、序章で掲げた株式会社の基本的な登記記録例も、改めて確認しておくといいでしょう。

参考 設立登記の添付書面一覧（商業登記法47条、18条、商業登記規則61条等）

　以下は、株式会社の設立登記の申請書に添付する書面の一覧である。問題文の事案に応じて、適切な書面を添付しよう。

1　**公証人の認証を受けた定款**
2　**設立時発行株式の引受け等に関する書面**
　①　**発起設立**
　　　発起人が割当てを受ける設立時発行株式に関する発起人全員の同意を証する書面
　　　　→定款に定めがない場合に添付する。
　②　**募集設立**
　　　・上記①の書面に加えて、次のいずれかの書面
　　　・設立時募集株式の引受けの申込みを証する書面または総数引受契約を証する書面
3　**変態設立事項があるときは、これに関する書面**
　①　**検査役の調査を要する場合**
　　　・検査役の調査報告書及びその附属書類
　　　・検査役の報告に関する裁判があったときは、その謄本
　②　**検査役の調査を要しない場合**
　　　・設立時取締役等の調査報告書及びその附属書類
　　　・現物出資財産等が有価証券であって、その価額が市場価格を超えないときは、有価証券の市場価格を証する書面
　　　・現物出資財産等について弁護士等の証明（現物出資財産等が不動産であるときは弁護士等の証明及び不動産鑑定士の鑑定評価）を受けたときは、弁護士等の証明を記載した書面及びその附属書類
4　**出資に関する書面**
(1)　**発起設立**
　　　金銭の払込みがあったことを証する書面。具体的には、次の①または②を添付する。
　①　払込取扱機関が作成した払込金受入証明書
　②　設立時代表取締役または設立時代表執行役の作成に係る金銭の払込みがあったことを証する書面に、次のいずれかのものを合わせて綴じたもの
　　　・払込取扱機関における口座の預金通帳の写し
　　　・取引明細表その他の払込取扱機関が作成した書面
(2)　**募集設立**
　　　払込金保管証明書

5　**設立時の役員等に関する書面**
(1)　**設立時役員等の選任に関する書面**
　①　発起設立

　　　　定款または発起人の議決権の過半数の一致があったことを証する書面
　②　募集設立
　　　創立総会議事録（または種類創立総会議事録）
(2)　設立時代表取締役の選定を証する書面
　　　指名委員会等設置会社を除く取締役会設置会社においては、設立時取締役の過半数の一致があったことを証する書面
(3)　設立時の役員等の就任承諾書
(4)　設立時取締役（設立しようとする株式会社が取締役会設置会社であるときは、設立時代表取締役または設立時代表執行役）の就任承諾書に係る印鑑証明書
(5)　設立時取締役、設立時監査役、設立時執行役の本人確認証明書
　　　→(4)の印鑑証明書を添付したときは、本人確認証明書の添付を要しない。
(6)　その他の機関に関する書面
　①　設立時会計参与、設立時会計監査人を選任したときは、選任を証する書面（定款または発起人の議決権の過半数の一致を証する書面）のほか、次の書面
　　・就任承諾書
　　・これらの者が法人であるときは登記事項証明書または会社法人等番号
　　　→会社と同一管轄の場合は添付不要
　　・これらの者が法人でないときは、資格を証する書面
　②　指名委員会等設置会社の場合
　　　設立時委員、設立時執行役、設立時代表執行役の選任を証する書面として、設立時取締役の過半数の一致があったことを証する書面及び就任承諾書
　③　特別取締役による議決の定めがある場合
　　　特別取締役の選定を証する書面として、定款または発起人の過半数の一致があったことを証する書面及び就任承諾書
6　創立総会議事録、種類創立総会議事録（募集設立の場合）
7　発起人の全員の同意または過半数の一致を証する書面
　　→たとえば、発起人の過半数の一致により、本店の具体的な所在場所や株主名簿管理人の設置などを決定したときは、発起人の過半数の一致を証する書面を添付する。
8　資本金の額が会社法及び会社計算規則の規定に従って計上されたことを証する書面
　　→添付を要しない場合アリ。後述の先例を参照しよう。
9　代理人によって申請するときは委任状

① 払込みがあったことを証する書面として添付する預金通帳の口座名義人は、発起人のほか、設立時取締役（設立時代表取締役を含む。）であってもよい。そして、設立時取締役が口座名義人である預金通帳の写しを合わせて綴じたものを添付するときは、発起人が、その設立時取締役に払込金の受領権限を委任したことを証する書面の添付を要する（先例平29.3.17-41）。

→この場合の発起人から設立時取締役への委任は、発起人のうちの1人からのもので足り、発起人の全員または過半数で決することを要しない。

② 払込みがあったことを証する書面として添付する預金通帳の写しは、入出金の履歴から払込金額に相当する額が口座に入金された事実が確認できればそれで足り、払込期日または登記申請日においてその口座に払込金額相当額の残高があることまでは要しない。

③ 出資に係る財産が金銭のみであるときは、払込みがあったことを証する書面により資本金の額の計上の適法性を判断することができることから、資本金の額が会社法及び会社計算規則の規定に従って計上されたことを証する書面（資本金の額の計上に関する証明書）の添付を要しない（先例平19.1.17-91）。

→現物出資財産があるときは、資本金の額の計上に際して、現物出資財産の価額の確認を要するため、資本金の額の計上に関する証明書の添付を要する。

参考 完了後の登記記録例

会社法人等番号	1234-56-789012
商　号	オートマ商事株式会社
本　店	東京都A区B町一丁目1番1号
公告をする方法	官報に掲載してする
会社成立の年月日	令和何年何月何日
目　的	1　インテリアショップの経営 2　雑貨の販売 3　前各号に附帯する一切の業務
発行可能株式総数	5000株
発行済株式の総数並びに種類及び数	発行済株式の総数 　1000株
資本金の額	金1000万円
株式の譲渡制限に関する規定	当会社の株式を譲渡により取得するには、株主総会の承認を受けなければならない
役員に関する事項	取締役　　　　山　本　一　郎
	取締役　　　　甲　野　太　郎
	取締役　　　　乙　野　次　郎
	何市何町何丁目何番何号 代表取締役　　山　本　一　郎
	監査役　　　　丙　野　三　郎
	監査役の監査の範囲を会計に関するものに限定する旨の定款の定めがある
取締役会設置会社に関する事項	取締役会設置会社
監査役設置会社に関する事項	監査役設置会社
登記記録に関する事項	設立 　　　　　　　　　　令和何年何月何日登記

No.**1-1** 発行可能株式総数の変更

発行可能株式総数を5000株から1万株に変更したときの申請書。

【完了後の登記記録例】

発行可能株式総数	５０００株	
	１万株	令和何年何月何日変更
		令和何年何月何日登記
発行済株式の総数並びに種類及び数	発行済株式の総数 　２０００株	
資本金の額	金５０００万円	
株式の譲渡制限に関する規定	当会社の株式を譲渡により取得するには、当会社の承認を要する	

 One Point◆ 発行可能株式総数は定款の記載事項

① 発行可能株式総数を変更するときは、株主総会の特別決議による定款変更の手続を要します（会社法466条、309条２項11号）。 添付書面

② 種類株式発行会社が定款を変更して発行可能株式総数を増加する場合、ある種類の種類株主に損害を及ぼすおそれがあるときの種類株主総会の特別決議が必要となることがあります（会社法322条１項１号ハ）。 添付書面

【申請書】

登記の事由	発行可能株式総数の変更
登記すべき事項	令和何年何月何日次のとおり変更　　＊1
	発行可能株式総数　1万株
登録免許税	金3万円（ツ）
添付書面	株主総会議事録　　　　　1通
	（種類株主総会議事録　　1通）　＊2
	株主リスト　　　　　　　何通
	委任状　　　　　　　　　1通

＊1　次の場合には、定款変更後の発行可能株式総数は、定款変更の効力発生時における発行済株式の総数の4倍を超えることができない（会社法113条3項）。

> 1　公開会社が定款を変更して発行可能株式総数を増加する場合
> 2　公開会社でない株式会社が定款を変更して公開会社となる場合

　なお、株式の併合と4倍ルールについては、後述の No.12-1 を参照しよう。

＊2　**One Point** ②のとおり、種類株式発行会社である場合に添付することがある（商業登記法46条2項）。

普通株式の発行可能種類株式総数を250万株から200万株、優先株式の発行可能種類株式総数を、50万株から100万株に変更したときの申請書。

【完了後の登記記録例】

発行可能種類株式総数及び発行する各種類の株式の内容	普通株式　　　　２５０万株 優先株式　　　　５０万株 　優先株式は、毎決算期において、普通株式に先立ち年６分の剰余金の配当を受けるものとする 　　　　　　　　令和何年何月何日変更　　　令和何年何月何日登記
	普通株式　　　　２００万株 優先株式　　　　１００万株 　優先株式は、毎決算期において、普通株式に先立ち年６分の剰余金の配当を受けるものとする 　　　　　　　　令和何年何月何日変更　　　令和何年何月何日登記

 One Point◆ 種類株式発行会社に特有のハナシ

① 発行可能種類株式総数を変更するときは、株主総会の特別決議による定款変更の手続を要します（会社法466条、309条２項11号）。 添付書面

② 定款を変更して発行可能種類株式総数を増加する場合、ある種類の種類株主に損害を及ぼすおそれがあるときの種類株主総会の特別決議が必要となることがあります（会社法322条１項１号ハ）。 添付書面

【申請書】

```
登記の事由      発行可能種類株式総数及び発行する各種類の株式の
              内容の変更
登記すべき事項
   令和何年何月何日次のとおり変更     ＊1
   発行可能種類株式総数及び発行する各種類の株式の内容
   普通株式    ２００万株
   優先株式    １００万株
      優先株式は、毎決算期において、普通株式に先立ち年6分の
      剰余金の配当を受けるものとする
登録免許税      金3万円（ツ）
添付書面      株主総会議事録        1通
            （種類株主総会議事録      1通）    ＊2
            株主リスト          何通
            委任状            1通
```

＊1　「発行可能種類株式総数及び発行する各種類の株式の内容」が1つの登記事項であるから、発行可能種類株式総数のみを変更したときでも、申請書の登記すべき事項には、変更のない部分も含めて全部記載する。

＊2　**One Point** ②の場合に添付する（商業登記法46条2項）。

株式の譲渡制限に関する規定の設定
(単一株式発行会社)

　現実に株券を発行している株券発行会社が、株式の譲渡制限に関する規定を設定したときの申請書。

【完了後の登記記録例】

発行可能株式総数	４０００株
発行済株式の総数 並びに種類及び数	発行済株式の総数 　１０００株
株券を発行する旨 の定め	当会社の株式については、株券を発行する。
資本金の額	金５０００万円
株式の譲渡制限に 関する規定	当会社の株式を譲渡により取得するには、当会社の承認を要する 　　　　　　令和何年何月何日設定　　　令和何年何月何日登記

One Point ◆ 株式の譲渡制限に関する規定は重要な規定

① 　株式の譲渡制限に関する規定を設定するには、株主総会の特殊決議による定款変更の手続を要します（会社法309条３項１号）。 添付書面

② 　株券発行会社においては、株式の全部につき株券を発行していない場合を除いて、株券提出公告を要します（会社法219条１項１号）。 添付書面

　この公告は、会社が定款で定めた公告方法により行うため、必ず、公告方法もチェックしましょう。

【申請書】

登記の事由	株式の譲渡制限に関する規定の設定	
登記すべき事項	令和何年何月何日次のとおり設定	
	株式の譲渡制限に関する規定	
	当会社の株式を譲渡により取得するには、当会社 の承認を要する	
登録免許税	金3万円（ツ）	
添付書面	株主総会議事録	1通
	株主リスト	1通
	株券提出公告をしたことを証する書面	1通 ＊
	委任状	1通

＊ 株券発行会社が、株式の全部について株券を発行していないときは、
「株式の全部について株券を発行していないことを証する書面　　1通」
と置き換えよう（商業登記法62条、59条1項2号）。

参考 株券発行会社でないときの添付書面は、次のとおりである。

添付書面	株主総会議事録	1通
	株主リスト	1通
	委任状	1通

株式の譲渡制限に関する規定の設定
（種類株式発行会社）

A種類株式とB種類株式を発行する種類株式発行会社が、B種類株式に譲渡制限株式の定めを設定したときの申請書。なお、株券発行会社ではないものとする。

【完了後の登記記録例】

発行済株式の総数並びに種類及び数	発行済株式の総数 　5000株 各種の株式の数 　　　A種類株式　4000株 　　　B種類株式　1000株
資本金の額	金5000万円
発行可能種類株式総数及び発行する各種類の株式の内容	A種類株式　1万5000株 B種類株式　　5000株 　B種類株式は、毎決算期において、A種類株式に先立ち、1株につき年300円の剰余金の配当を受けるものとする。
株式の譲渡制限に関する規定	当会社のB種類株式を譲渡により取得するには、取締役会の決議を要する 　　　　　　　　令和何年何月何日設定　　　令和何年何月何日登記

🐕 One Point◆ 種類株式発行会社と譲渡制限規定

① 　B種類株式に譲渡制限株式の定めを設定するには、株主総会の特別決議とB種類株主による種類株主総会の特殊決議を要します（会社法466条、309条2項11号、111条2項1号、324条3項1号）。

② 　A種類株式、B種類株式のすべての種類株式に譲渡制限株式の定めを設定するときは、株主総会の特別決議と、A種類株主及びB種類株主による種類株主総会の特殊決議を要します。なお、種類株式発行会社が、すべての種類株式に譲渡制限株式の定めを設定する場合であっても、株主総会の特殊決議が必要となることはありません（会社法309条3項カッコ書）。

【申請書】

登記の事由	株式の譲渡制限に関する規定の設定
登記すべき事項	令和何年何月何日次のとおり設定
	株式の譲渡制限に関する規定
	当会社のB種類株式を譲渡により取得するには、
	取締役会の決議を要する
登録免許税	金3万円（ツ）
添付書面	株主総会議事録 　　　　　 1通
	種類株主総会議事録 　　　 1通　　　＊
	株主リスト 　　　　　　　 何通
	委任状 　　　　　　　　　 1通

＊　B種類株主による種類株主総会議事録を添付する（商業登記法46条2項）。

 参考

　株券発行会社においては、原則として、株券提出公告を要するが、その対象は譲渡制限株式の定めを設定するB種類株式のみである（会社法219条1項1号カッコ書）。株券提出公告についての添付書面は、**No.2** を参照しよう。

No.4　株式の譲渡制限に関する規定の変更の登記

株式会社（単一株式発行会社）が、株式の譲渡制限に関する規定を変更したときの申請書。

【完了後の登記記録例】

株式の譲渡制限に関する規定	当会社の株式を譲渡するには、取締役会の決議を要する
	当会社の株式を株主以外の者に譲渡するには、取締役会の決議を要する 　　　　　　　令和何年何月何日変更　　　令和何年何月何日登記

【申請書】

```
登記の事由　　　株式の譲渡制限に関する規定の変更
登記すべき事項　令和何年何月何日次のとおり変更
　　　　　　　　株式の譲渡制限に関する規定
　　　　　　　　　当会社の株式を株主以外の者に譲渡するには、取
　　　　　　　　　締役会の決議を要する
登録免許税　　　金３万円（ツ）
添付書面　　　　株主総会議事録　　　　　　１通　　　＊
　　　　　　　　株主リスト　　　　　　　　１通
　　　　　　　　委任状　　　　　　　　　　１通
```

＊　株式の譲渡制限に関する規定の変更は、株主総会の特別決議によって行う（会社法466条、309条２項11号）。そのため、株主総会議事録を添付する（商業登記法46条２項）。

No.**5** 株式の譲渡制限に関する規定の廃止の登記

株式会社（単一株式発行会社）が、株式の譲渡制限に関する規定を廃止したときの申請書。

【完了後の登記記録例】

株式の譲渡制限に関する規定	当会社の株式を譲渡するには、取締役会の決議を要する
	令和何年何月何日設定　　令和何年何月何日登記
	令和何年何月何日廃止　　令和何年何月何日登記

【申請書】

登記の事由	株式の譲渡制限に関する規定の廃止
登記すべき事項	令和何年何月何日株式の譲渡制限に関する規定の廃止
登録免許税	金３万円（ツ）
添付書面	株主総会議事録　　　　　１通
	株主リスト　　　　　　　１通
	委任状　　　　　　　　　１通

One Point◆ 譲渡制限株式の定めを廃止したときの注意点

株式の譲渡制限に関する規定を廃止すると公開会社になるため、役員変更や機関に関する登記（取締役会や監査役の設置など）も、あわせて申請することとなります。事案に応じて必要な登記を適宜、追加しましょう。

取得請求権付株式に関する登記
（単一株式発行会社）

株式会社（単一株式発行会社）が、取得請求権付株式の定めを設定したときの申請書。

【完了後の登記記録例】

発行する株式の内容	株主は、いつでも当会社に対して当会社の株式を時価で取得することを請求することができる。 「時価」とは、当該取得請求日に先立つ45取引日目に始まる30取引日の株式会社東京証券取引所における毎日の終値の平均値をいう。 <div align="right">令和何年何月何日変更　　　令和何年何月何日登記</div>

【申請書】

```
登記の事由　　　　発行する株式の内容の変更
登記すべき事項
　　令和何年何月何日次のとおり変更
　　発行する株式の内容
　　　株主は、いつでも当会社に対して当会社の株式を時価で取得す
　　　ることを請求することができる。
　　　「時価」とは、当該取得請求日に先立つ45取引日目に始まる30取
　　　引日の株式会社東京証券取引所における毎日の終値の平均値を
　　　いう。
登録免許税　　　　金3万円（ツ）
添付書面　　　　　株主総会議事録　　　　1通　　　＊
　　　　　　　　　株主リスト　　　　　　1通
　　　　　　　　　委任状　　　　　　　　1通
```

＊　株式会社が、発行する全部の株式を取得請求権付株式とするときは、一定の事項を定款で定めることを要する（会社法107条2項2号）。そのため、定款変更をした株主総会議事録を添付する（商業登記法46条2項）。

No.7	取得条項付株式に関する登記

（単一株式発行会社）

　株式会社（単一株式発行会社）が、取得条項付株式の定めを設定したときの申請書。

【完了後の登記記録例】

発行する株式の内容	当会社は、当会社が別に定める日が到来したときに、当会社の株式を時価で取得することができる。 「時価」とは、当該取得請求日に先立つ45取引日目に始まる30取引日の株式会社東京証券取引所における毎日の終値の平均値をいう。 　　　　　　　　令和何年何月何日変更　　　令和何年何月何日登記

【申請書】

> 登記の事由　　　　発行する株式の内容の変更
> 登記すべき事項
> 　　　令和何年何月何日次のとおり変更
> 　　　発行する株式の内容
> 　　　　当会社は、当会社が別に定める日が到来したときに、当会社の株式を時価で取得することができる。
> 　　　　「時価」とは、当該取得請求日に先立つ45取引日目に始まる30取引日の株式会社東京証券取引所における毎日の終値の平均値をいう。
> 登録免許税　　　　金3万円（ツ）
> 添付書面　　　　　株主総会議事録　　　　　1通　　　＊
> 　　　　　　　　　株主全員の同意書　　　　1通
> 　　　　　　　　　株主リスト　　　　　　　何通
> 　　　　　　　　　委任状　　　　　　　　　1通

＊　株式会社が、発行する全部の株式を取得条項付株式とするときは、株主総会の特別決議による定款の変更のほか、株主全員の同意を要する（会社法466条、110条）。このため、添付書面として、株主総会議事録及び株主全員の同意書を添付する（商業登記法46条1項、2項）。

No.8-1 種類株式の内容の登記
(単一株式発行会社が種類株式発行会社となった場合)

発行する株式の内容の登記をしていない単一株式発行会社が種類株式発行会社となったときの申請書。

【完了後の登記記録例】

発行可能種類株式総数及び発行する各種類の株式の内容	普通株式　　　１万８０００株 優先株式　　　　　２０００株 １　剰余金の配当 　　優先株式は、毎決算期において、普通株式に先立ち、１株につき年３００円の剰余金の配当を受けるものとする ２　議決権 　　優先株式の株主は、株主総会において議決権を有しない 　　　　　　　　令和何年何月何日変更　　　令和何年何月何日登記

One Point◆　単一株式発行会社→種類株式発行会社

単一株式発行会社は、株主総会の特別決議による定款の変更を行うことにより、種類株式発行会社となることができます（会社法466条、309条２項11号）。種類株式の内容の詳細については、会社法108条を参照しましょう。

【申請書】

登記の事由	発行可能種類株式総数及び発行する各種類の株式の内容の設定（または変更）	

登記すべき事項

　令和何年何月何日次のとおり設定（または変更）　　＊1

　発行可能種類株式総数及び発行する各種類の株式の内容

　普通株式　　１万８０００株

　優先株式　　　　２０００株

　　1　剰余金の配当

　　　　優先株式は、毎決算期において、普通株式に先立ち、1株につき年３００円の剰余金の配当を受けるものとする

　　2　議決権

　　　　優先株式の株主は、株主総会において議決権を有しない

登録免許税	金３万円（ツ）		
添付書面	株主総会議事録	１通	＊2
	株主リスト	１通	
	委任状	１通	

＊1　単一株式発行会社が種類株式発行会社となった場合、登記の事由及び登記すべき事項は、設定または変更のどちらを記載してもよい。なお、完了後の登記記録例には、「令和何年何月何日変更」と記録される（先例平18.4.26-1110）。

＊2　定款の変更をした株主総会の議事録とその株主リストを添付する（商業登記法46条2項）。

発行済株式総数の変更の登記
（発行済株式の一部を他の種類株式に変更した場合）

No.8-1 の決議の後、発行済株式の一部を優先株式に変更したときの申請書。なお、会社と株主Aとの間で、Aが有する株式を優先株式とすることを合意し、A以外の株主全員が、その合意につき同意をしたものとする。

【完了後の登記記録例】

発行済株式の総数 並びに種類及び数	発行済株式の総数 　5000株	
	発行済株式の総数 　5000株 各種の株式の数 　普通株式　　　　4000株 　優先株式　　　　1000株	令和何年何月何日変更 令和何年何月何日登記

🐕 One Point◆ 種類株式発行会社への変更

　本事案は、単一株式発行会社が種類株式発行会社となる定款変更をした後、発行済株式の一部を他の種類株式とした場合の申請書です。少々応用的な事案ですが、平成27年の記述式の問題で出題済みなので、No.8-1 とセットでよく確認しておきましょう。

【申請書】

登記の事由	発行済株式の総数並びに種類及び数の変更		
登記すべき事項	令和何年何月何日次のとおり変更		
	発行済株式の総数　５０００株		
	各種の株式の数		
	普通株式　　　４０００株		
	優先株式　　　１０００株		
登録免許税	金３万円（ツ）		
添付書面	株主Aとの合意書	１通	＊1
	A以外の株主全員の同意書	１通	
	株主リスト	１通	＊2
	委任状	１通	

＊1　発行済株式のうち、Aの有する株式を優先株式とするときは、会社とAとの合意、A以外の他の株主全員の同意を要する。このため、それぞれの合意や同意があったことを証する書面を添付する（平27記述式、下記の先例参照）。

＊2　本事案は、商業登記規則61条2項の株主リストの添付を要するケースに当たるとされているため、株主リストを添付する（登記研究832号）。

先例

発行済株式の一部を他の種類株式に変更するときの手続は、以下のとおりである（商業登記ハンドブック第4版P251、先例昭50.4.30-2249参照）。

1　定款を変更して、新たに種類株式を設定するときは、株主総会の特別決議
　→ No.8-1 参照。

2　株式の内容を変更することとなる株主と会社の合意

3　2の株主と同じ種類の株式を有する他の株主全員の同意

4　1の定款変更により損害を及ぼすおそれのある種類株式があるときは、その種類株主総会の特別決議（種類株式発行会社の場合）

種類株式の内容の登記
（単一株式発行会社が種類株式発行会社となった場合・その2）

取得請求権付株式のみを発行していた単一株式発行会社が、発行可能株式総数を3万株から4万株に変更するとともに、新たに発行する種類株式として取得条項付株式に関する定款の定めを設けたときの申請書。

【完了後の登記記録例】

発行可能株式総数	3万株	
	4万株	令和何年何月何日変更
		令和何年何月何日登記

発行する株式の内容	株主は、いつでも当会社に対して当会社の株式を時価で取得することを請求することができる。 「時価」とは、当該取得請求日に先立つ45取引日目に始まる30取引日の株式会社東京証券取引所における毎日の終値の平均値をいう。

発行可能種類株式総数及び発行する各種類の株式の内容	A種類株式　　　3万株 B種類株式　　　1万株 A種類株式　　株主は、いつでも当会社に対してA種類株式を時価で取得することを請求することができる。 B種類株式　　当会社は、当会社が別に定める日が到来したときにB種類株式を時価で取得することができる。 「時価」とは、当該取得請求日に先立つ45取引日目に始まる30取引日の株式会社東京証券取引所における毎日の終値の平均値をいう。 　　　　　　令和何年何月何日変更　　令和何年何月何日登記

One Point◆ 単一株式発行会社→種類株式発行会社

本事例は、発行する株式の内容として、取得請求権付株式のみを発行していた単一株式発行会社が、取得条項付株式の定めを追加して種類株式発行会社となった事例です。この場合、「発行する株式の内容」の登記については、登記官が職権で抹消する取扱いです（商業登記規則69条1項）。

【申請書】

> 登記の事由　　　発行可能株式総数の変更
> 　　　　　　　　発行可能種類株式総数及び発行する各種類の株式の
> 　　　　　　　　内容の設定（または変更）
> 登記すべき事項
> 　　　令和何年何月何日次のとおり変更　　＊1
> 　　　　発行可能株式総数　　４万株
> 　　　同日次のとおり設定（または変更）
> 　　　　発行可能種類株式総数及び発行する各種類の株式の内容
> 　　　　Ａ種類株式　　３万株
> 　　　　Ｂ種類株式　　１万株
> 　　　　Ａ種類株式　株主は、いつでも当会社に対してＡ種類株式を
> 　　　　　　　　　　時価で取得することを請求することができる。
> 　　　　Ｂ種類株式　当会社は、当会社が別に定める日が到来したと
> 　　　　　　　　　　きにＢ種類株式を時価で取得することができる。
> 　　　「時価」とは、当該取得請求日に先立つ45取引日目に始まる30
> 　　　取引日の株式会社東京証券取引所における毎日の終値の平均
> 　　　値をいう。
> 登録免許税　　　金３万円（ツ）
> 添付書面　　　　株主総会議事録　　　　１通　　＊2
> 　　　　　　　　株主リスト　　　　　　何通
> 　　　　　　　　委任状　　　　　　　　１通

＊1　本事案で、発行済株式総数にも変更が生じたときは、No.8-2を参考に、登記すべき
　　事項や添付書面を追加しよう。

＊2　定款の変更をした株主総会の議事録を添付する（商業登記法46条２項）。

優先株式を取得条項付株式とする定款の定めを設けたときの申請書。

【完了後の登記記録例】

発行可能種類株式総数及び発行する各種類の株式の内容	普通株式　　　３万株
	優先株式　　　１万株
	優先株式は、毎決算期において、普通株式に先立ち、１株につき年３００円の剰余金の配当を受けるものとする
	<div align="center">令和何年何月何日変更　　　令和何年何月何日登記</div>
	普通株式　　　３万株
	優先株式　　　１万株
	１　剰余金の配当 　　優先株式は、毎決算期において、普通株式に先立ち、１株につき年３００円の剰余金の配当を受けるものとする ２　取得条項に関する定め 　　当会社は、当会社が別に定める日が到来したときに、優先株式を取得することができる。この場合において、当会社は、優先株式１株の取得と引換えに、普通株式２株を交付するものとする
	<div align="center">令和何年何月何日変更　　　令和何年何月何日登記</div>

 One Point ◆ 取得条項付株式と定款変更

　ある種類の株式を取得条項付株式とする定款の変更をするときは、株主総会の特別決議のほか、取得条項を付すこととなる種類株式を有する種類株主全員の同意を要します（会社法111条１項）。　添付書面

【申請書】

> 登記の事由　　　発行可能種類株式総数及び発行する各種類の株式の
> 　　　　　　　　内容の変更
> 登記すべき事項
> 　　令和何年何月何日次のとおり変更　　＊1
> 　　発行可能種類株式総数及び発行する各種類の株式の内容
> 　　　普通株式　　３万株
> 　　　優先株式　　１万株
> 　　１　剰余金の配当
> 　　　　優先株式は、毎決算期において、普通株式に先立ち、１
> 　　株につき年３００円の剰余金の配当を受けるものとする
> 　　２　取得条項に関する定め
> 　　　　当会社は、当会社が別に定める日が到来したときに、優
> 　　先株式を取得することができる。この場合において、当会
> 　　社は、優先株式１株の取得と引換えに、普通株式２株を交
> 　　付するものとする
> 登録免許税　　　金３万円（ツ）
> 添付書面　　　　株主総会議事録　　　　　　　　１通
> 　　　　　　　　優先株式の種類株主全員の同意書　１通　　＊2
> 　　　　　　　　株主リスト　　　　　　　　　　何通
> 　　　　　　　　委任状　　　　　　　　　　　　１通

＊1　「発行可能種類株式総数及び発行する各種類株式の内容」が１つの登記事項であるか
　　ら、変更のない部分も含めて、すべての種類株式に係る発行可能種類株式総数とその内
　　容を記載する。

＊2　定款変更をした株主総会議事録のほか、優先株式の種類株主全員の同意書を添付する
　　（商業登記法46条１項、２項）。

種類株式の内容の登記
（種類株式発行会社が単一株式発行会社となった場合の登記）

種類株式発行会社が、定款を変更して普通株式のみを発行する単一株式発行会社となったときの申請書。なお、併せて発行可能株式総数も変更したものとする。

【完了後の登記記録例】

発行可能株式総数	2万株	
	1万8000株	令和何年何月何日変更
		令和何年何月何日登記

発行可能種類株式総数及び発行する各種類の株式の内容	普通株式　1万8000株 優先株式　　2000株 　当会社は、剰余金の配当を行うときは、優先株式を有する株主に対し、普通株式を有する株主に先立ち、優先株式1株につき金2500円の優先配当金を支払う。 　優先株式を有する株主は、株主総会において議決権を行使することができない。
	令和何年何月何日廃止　　令和何年何月何日登記

One Point ◆ 種類株式発行会社→単一株式発行会社

　本事例のように、種類株式発行会社が普通株式のみを発行する単一株式発行会社となったときは、発行可能種類株式総数及び発行する各種類の株式の内容の廃止の登記を申請することとなります。

【申請書】

> 登記の事由　　発行可能株式総数の変更
>
> 　　　　　　　発行可能種類株式総数及び発行する各種類の株式の内
>
> 　　　　　　　容の廃止　　＊1
>
> 登記すべき事項
>
> 　　　令和何年何月何日次のとおり変更
>
> 　　　　発行可能株式総数　　1万8000株
>
> 　　　同日発行可能種類株式総数及び発行する各種類の株式の内容の廃止
>
> 登録免許税　　金3万円（ツ）
>
> 添付書面　　　株主総会議事録　　　　1通　　＊2
>
> 　　　　　　　株主リスト　　　　　　何通
>
> 　　　　　　　委任状　　　　　　　　1通

＊1　種類株式発行会社が、定款を変更して普通株式のみを発行する単一株式発行会社とな
　　　ったときは、発行可能種類株式総数及び発行する各種類の株式の内容の廃止の登記を申
　　　請する。

＊2　定款変更に係る株主総会議事録を添付する。

　種類株式発行会社が単一株式発行会社となった場合において、取得請求権付株式
または取得条項付株式のみを発行することとなるときは、発行する株式の内容の変
更の登記を申請する（**No.6**、**No.7**参照）。この場合、登記官は、職権で「発行可
能種類株式総数及び発行する各種類の株式の内容」の登記を抹消する（商業登記規
則69条2項）。

　　取得請求権付株式であるＡ種類株式50株を有する株主が、50株の取得請求
をして、会社が普通株式100株を新規に発行したときの申請書。

【完了後の登記記録例】

発行済株式の総数並びに種類及び数	発行済株式の総数 　　１５００株 各種の株式の数 　　普通株式　　　　１０００株 　　Ａ種類株式　　　 ５００株	
	発行済株式の総数 　　１６００株 各種の株式の数 　　普通株式　　　 １１００株 　　Ａ種類株式　　　 ５００株	令和何年何月何日変更 令和何年何月何日登記

発行可能種類株式総数及び発行する各種類の株式の内容	普通株式　　　５０００株 Ａ種類株式　　１０００株 　Ａ種類株式の株主は、いつでも当会社に対し、普通株式の取得を請求することができる。当会社は、Ａ種類株式１株の取得と引換えに普通株式２株を交付する。

 One Point◆ 取得の対価をよく確認しよう

1　取得請求権付株式の取得の請求により、会社はＡ種類株式50株を取得します。この場合、株主が会社に変わっただけなので、Ａ種類株式の発行済株式の総数には、変動は生じません。

2　取得の対価として、会社が普通株式を新規に発行したときは、発行済株式の総数と発行済普通株式の数がいずれも増加します。

3　取得請求権付株式の取得と引換えに、会社が他の株式を新たに発行するか、自己株式を処分するかにかかわりなく、資本金の額は増加しません。このことは、本事案と類似のケースである No.9-2 ～ No.11 にも当てはまります。

【申請書】

登記の事由	取得請求権付株式の取得と引換えにする株式の発行
登記すべき事項	令和何年何月何日次のとおり変更　　＊1
	発行済株式の総数　1600株
	各種の株式の数
	普通株式　　　　1100株
	A種類株式　　　 500株
登録免許税	金3万円（ツ）　　＊2
添付書面	取得請求権付株式の取得の請求があった
	ことを証する書面　　　　　　　1通　　＊3
	委任状　　　　　　　　　　　　1通

＊1　本事例の登記は、毎月末日現在により、当該末日から2週間以内に申請すれば足りる（会社法915条3項2号）。そのため、変更年月日としては、取得請求があった月の末日、または、取得請求があった日を記載する。

＊2　登録免許税は、ツの区分で金3万円である。

＊3　取得請求権付株式の取得の請求があったことを証する書面を添付する（商業登記法58条）。

取得請求権付株式の取得の対価として、10個の第1回新株予約権を発行したときの申請書。

【完了後の登記記録例】

発行可能種類株式総数及び発行する各種類の株式の内容	普通株式　　　　１００００株 A種類株式　　　　１０００株 A種類株式の株主は、会社に対し、A種類株式の取得を請求することができる。会社は、A種類株式の取得と引換えに、10個の第1回新株予約権を交付する。 取得を請求することができる期間は、令和何年何月何日から令和何年何月何日までとする。 　　　　　　　　　　令和何年何月何日変更　令和何年何月何日登記

| 新株予約権 | 第1回新株予約権
　新株予約権の数
　　　１０個
　新株予約権の目的たる株式の種類及び数又はその算定方法
　　　普通株式　５００株
　募集新株予約権の払込金額若しくはその算定方法又は払込みを要しないとする旨
　　　無償
　新株予約権の行使に際して出資される財産の価額又はその算定方法
　　　1個あたり金１００万円
　新株予約権を行使することができる期間
　　　令和何年何月何日まで | 令和何年何月何日発行 |
| | | 令和何年何月何日登記 |

【申請書】

> 登記の事由　　　取得請求権付株式の取得と引換えにする新株予約権
> 　　　　　　　　の発行
> 登記すべき事項
> 　　令和何年何月何日次のとおり発行　　＊1
> 　　新株予約権の名称　第1回新株予約権
> 　　新株予約権の数　　10個
> 　　新株予約権の目的たる株式の種類及び数又はその算定方法
> 　　　普通株式　500株
> 　　募集新株予約権の払込金額若しくはその算定方法又は払込みを
> 　　要しないとする旨
> 　　　無償
> 　　新株予約権の行使に際して出資される財産の価額又はその算定
> 　　方法
> 　　　1個あたり金100万円
> 　　新株予約権を行使することができる期間
> 　　　令和何年何月何日まで
> 登録免許税　　　金9万円（ヌ）　　＊2
> 添付書面　　　定款　　　　　　　　　　　　　　1通　　＊3
> 　　　　　　　取得請求権付株式の取得の請求があった
> 　　　　　　　ことを証する書面　　　　　　　　1通
> 　　　　　　　分配可能額が存在することを証する書面　1通　　＊4
> 　　　　　　　委任状　　　　　　　　　　　　　1通

＊1　新株予約権の登記すべき事項の詳細は、第6章の **No.1** を参照しよう。

＊2　登録免許税は、金9万円である（ヌ）。

＊3　取得の請求によって初めて新株予約権を発行するときは、新株予約権の内容を明らかにするために、定款を添付する。

＊4　取得請求権付株式の取得と引換えに、株式以外の対価を交付するときは、分配可能額の制限がある（会社法166条1項ただし書）。そのため、分配可能額が存在することを証する書面を添付する（商業登記規則61条8項）。

取得請求権付株式の取得と引換えにする新株予約権の発行
（2回目以降）

> **No.9-2** に引き続いて、取得請求権付株式の取得の対価として、10個の第1回新株予約権を発行したときの申請書。

【完了後の登記記録例　ただし、新株予約権に関する部分のみ】

新株予約権	第1回新株予約権
	新株予約権の数
	~~10個~~
	20個
	令和何年何月何日変更　　令和何年何月何日登記
	新株予約権の目的たる株式の種類及び数又はその算定方法
	~~普通株式　500株~~
	普通株式　1000株
	令和何年何月何日変更　　令和何年何月何日登記
	募集新株予約権の払込金額若しくはその算定方法又は払込みを要しないとする旨
	無償
	新株予約権の行使に際して出資される財産の価額又はその算定方法
	1個あたり金100万円
	新株予約権を行使することができる期間
	令和何年何月何日まで
	令和何年何月何日発行
	令和何年何月何日登記

 One Point◆ 2回目以降の新株予約権の発行

① 取得請求権付株式の取得の対価として新株予約権を交付すると定めているときは、初めて新株予約権を発行する場合と、2回目以降の発行の場合があります。本事例は、2回目以降の発行のケースです。

② 2回目以降の発行のケースでは、同じ内容の新株予約権を交付することとなるため、上記の赤文字部分のみの変更の登記を申請することとなります。

【申請書】

登記の事由	取得請求権付株式の取得と引換えにする新株予約権の発行
登記すべき事項	令和何年何月何日次のとおり変更 　＊1 第1回新株予約権の数　20個 新株予約権の目的たる株式の種類及び数 　　普通株式　　　1000株
登録免許税	金3万円（ツ）　＊2
添付書面	取得請求権付株式の取得の請求があったことを証する書面　　　　　　　　1通　＊3 分配可能額が存在することを証する書面　1通 委任状　　　　　　　　　　　　　　　1通

＊1　同じ種類の取得請求権付株式につき、2回目以降の新株予約権を発行するときは、「新株予約権の数」「新株予約権の目的たる株式の種類及び数」が登記事項となり、その双方の数が増加することとなる。

＊2　登録免許税は、金3万円である（ツ）。

＊3　取得請求権付株式の取得の請求があったことを証する書面を添付する（商業登記法66条）。

取得事由が生じたことにより、株券発行会社でない株式会社が取得条項付株式であるA種類株式50株を取得して、普通株式100株を発行したときの申請書。

【申請書】

登記の事由	取得条項付株式の取得と引換えにする株式の発行
登記すべき事項	令和何年何月何日次のとおり変更
	発行済株式の総数　1600株
	各種の株式の数
	普通株式　　　　1100株
	A種類株式　　　　500株
登録免許税	金3万円（ツ）
添付書面	取得事由の発生を証する書面　　　　　　　1通　　＊1
	（株主総会議事録または取締役会議事録）　1通　　＊2
	（株主リスト　　　　　　　　　　　　　　1通）　＊3
	委任状　　　　　　　　　　　　　　　　1通

＊1　取得事由の発生を証する書面を添付する（商業登記法59条1項1号）。「会社が別に定める日」を取得事由としているときは、定款に別段の定めがある場合を除いて、「別に定める日」を決定した株主総会議事録または取締役会議事録が、取得事由の発生を証する書面となる（会社法168条1項、商業登記法46条2項）。

＊2　取得条項付株式の一部を取得すると定めているときは、取得する株式を決定した株主総会議事録または取締役会議事録を添付する（商業登記法46条2項）。

＊3　「会社が別に定める日」または取得する株式の一部を株主総会の決議により決定したときは、株主総会議事録と併せて株主リストも添付する（商業登記規則61条3項）。

One Point◆ 株券発行会社

　株券発行会社であるときは、添付書面に、「株券提出公告をしたことを証する書面」または「株式の全部について株券を発行していないことを証する書面」を追加しましょう（商業登記法59条1項2号）。

No.**10-2** 取得条項付株式の取得と引換えにする新株予約権の発行（2回目以降）

取得条項付株式の取得の対価として、株券発行会社でない株式会社が、第1回新株予約権を発行したときの申請書。なお、取得対価としての第1回新株予約権はすでに登記されているものとする。

【申請書】

登記の事由	取得条項付株式の取得と引換えにする新株予約権の発行
登記すべき事項	令和何年何月何日次のとおり変更 ＊1
	第1回新株予約権の数 20個
	新株予約権の目的たる株式の種類及び数
	普通株式 1000株
登録免許税	金3万円（ツ）
添付書面	取得事由の発生を証する書面 1通 ＊2
	（株主総会議事録または取締役会議事録） 1通
	（株主リスト 1通） ＊3
	分配可能額が存在することを証する書面 1通
	委任状 1通

＊1 新株予約権を初めて発行するときは、会社法911条3項12号の事項を登記し、その内容を明らかにするため、定款も添付する。このときの登記すべき事項の記載は、No.9-2を参照しよう。また、新株予約権を初めて発行するときの登録免許税は、金9万円である（ヌ区分）。

＊2 分配可能額の存在を証する書面（商業登記規則61条8項）をプラスするほかは、No.10-1と同様の書面を添付する。

＊3 「会社が別に定める日」または取得する株式の一部を株主総会の決議により決定したときは、株主総会議事録と併せて株主リストも添付する（商業登記規則61条3項）。

全部取得条項付種類株式であるＡ種類株式500株を取得して、普通株式1000株を発行したときの申請書。

【申請書】

登記の事由	全部取得条項付種類株式の取得と引換えにする株式の発行		
登記すべき事項	令和何年何月何日次のとおり変更		
	発行済株式の総数　2500株		
	各種の株式の数		
	普通株式　　　2000株		
	Ａ種類株式　　500株		
登録免許税	金3万円（ツ）		
添付書面	株主総会議事録	1通	＊1
	株主リスト	1通	
	（株券提出公告をしたことを証する書面等	1通）	＊2
	委任状	1通	

＊1　全部取得条項付種類株式を発行する種類株式発行会社は、株主総会の特別決議により、その全部を取得することができる（会社法171条1項、309条2項3号）。そのため、取得の決議をした株主総会議事録を添付する（商業登記法46条2項）。

＊2　株券発行会社であるときは、株券提出公告をしたことを証する書面または株式の全部について株券を発行していないことを証する書面の添付を要する（商業登記法60条、59条1項2号）。

第4章 | 株式に関する登記

参考 全部取得条項付種類株式の対価として新株予約権を発行するときの申請書
を、簡単に示しておこう。

【申請書】

登記の事由	全部取得条項付種類株式の取得と引換えにする新株予約権の発行
登記すべき事項	令和何年何月何日次のとおり発行　　＊1
	新株予約権の名称　第1回新株予約権
	新株予約権の数　　100個
	新株予約権の目的たる株式の種類及び数又はその算定方法
	普通株式　5000株
	募集新株予約権の払込金額若しくはその算定方法又は払込みを要しないとする旨
	無償
	新株予約権の行使に際して出資される財産の価額又はその算定方法
	1個あたり金100万円
	新株予約権を行使することができる期間
	令和何年何月何日まで
登録免許税	金9万円（ヌ）
添付書面	株主総会議事録　　　　　　　　　1通　　＊2
	株主リスト　　　　　　　　　　　1通
	（株券提出公告をしたことを証する書面等　1通）　＊3
	分配可能額が存在することを証する書面　1通
	委任状　　　　　　　　　　　　　1通

＊1　登記すべき事項として、新株予約権の内容を記載する（会社法911条3項12号）。なお、株式会社が全部取得条項付種類株式を取得するときは、1回の取得で種類株式の全部を取得するため、取得請求権付株式等と異なり2回目以降の発行というものはない。

＊2　全部取得条項付種類株式の取得の決議とともに、取得対価である新株予約権の内容を定めた株主総会議事録を添付する（商業登記法46条2項）。

＊3　株券発行会社である場合に添付する（商業登記法68条、59条1項2号）。

第1編 株式会社の登記

No.12-1 株式の併合
（単一株式発行会社）

公開会社が株式の併合をしたときの申請書。

【完了後の登記記録例】

発行可能株式総数	８０００株	
	４０００株	令和何年何月何日変更
		令和何年何月何日登記
発行済株式の総数並びに種類及び数	発行済株式の総数 ２０００株	
	発行済株式の総数 １０００株	令和何年何月何日変更
		令和何年何月何日登記

🐕 One Point ◆ 株式の併合の決議事項

株式会社が株式の併合をしようとするときは、株主総会の特別決議によって、以下の事項を定めることを要します（会社法180条２項、309条２項４号）。 添付書面

① 併合の割合
② 効力発生日
③ 種類株式発行会社であるときは、併合する株式の種類
④ 効力発生日における発行可能株式総数

【申請書】

登記の事由	発行可能株式総数の変更	＊1	
	株式の併合		
登記すべき事項	令和何年何月何日次のとおり変更		
	発行可能株式総数	4000株	＊2
	同日次のとおり変更		
	発行済株式の総数	1000株	
登録免許税	金3万円（ツ）		
添付書面	株主総会議事録	1通	
	株主リスト	1通	
	（株券提出公告をしたことを証する書面等	1通）	＊3
	委任状	1通	

＊1　発行可能株式総数に係る定款の変更をしたものとみなされたことによって発行可能株式総数に変更が生じた場合、株式の併合による変更の登記と併せて、発行可能株式総数の変更の登記をすることを要する（会社法182条2項、先例平27.2.6-13）。なお、効力発生日における発行可能株式総数を従前と同じ発行可能株式総数と定めることもでき、この場合は、変更の登記を要しない。

＊2　公開会社においては、効力発生日における発行可能株式総数は、効力発生日の発行済株式の総数（併合後の発行済株式の総数）の4倍を超えることができない（会社法180条3項本文）。一方、非公開会社においては、そのような制限はナイ。

リンク **No.1-1**

＊3　株券発行会社であるときは、申請書の添付書面に、「株券提出公告をしたことを証する書面」または「株式の全部について株券を発行していないことを証する書面」をプラスしよう（商業登記法61条、59条1項2号）。

株式の併合
（種類株式発行会社）

種類株式発行会社が、B種類株式を併合したときの申請書。

【完了後の登記記録例】

発行可能株式総数	8000株	
	6000株	令和何年何月何日変更
		令和何年何月何日登記

発行済株式の総数並びに種類及び数	発行済株式の総数 　　2000株 各種の株式の数 　A種類株式　　1000株 　B種類株式　　1000株	
	発行済株式の総数 　　1500株 各種の株式の数 　A種類株式　　1000株 　B種類株式　　　500株	令和何年何月何日変更
		令和何年何月何日登記

 One Point ◆ 種類株式発行会社の株式の併合

　種類株式発行会社においては、併合する株式の種類を決議することを要します（会社法180条2項3号）。

【申請書】

```
登記の事由      発行可能株式総数の変更
              株式の併合
登記すべき事項   令和何年何月何日次のとおり変更
                発行可能株式総数      6000株
                同日次のとおり変更
                発行済株式の総数      1500株
                各種の株式の数  A種類株式    1000株
                              B種類株式    500株
登録免許税      金3万円（ツ）
添付書面       株主総会議事録              1通    ＊1
              （種類株主総会議事録            1通）   ＊2
              株主リスト                 何通
              （株券提出公告をしたことを証する書面等  1通）
              委任状                   1通
```

＊1　株式の併合を決議した株主総会議事録を添付する（商業登記法46条2項）。
＊2　株式の併合により、ある種類の株式の種類株主に損害を及ぼすおそれがあるときは、その種類株主による種類株主総会の特別決議を要する（会社法322条1項2号）。この場合は、種類株主総会議事録を添付しよう（商業登記法46条2項）。

No.13-1 株式の分割
（単一株式発行会社）

　公開会社が、取締役会の決議により株式の分割をすると同時に、発行可能株式総数を変更したときの申請書。

【完了後の登記記録例】

発行可能株式総数	４０００株	
	８０００株	令和何年何月何日変更
		令和何年何月何日登記
発行済株式の総数並びに種類及び数	発行済株式の総数 　　１０００株	
	発行済株式の総数 　　２０００株	令和何年何月何日変更
		令和何年何月何日登記

 One Point◆ 株式の分割のポイント

1　株式会社が株式の分割をしようとするときは、株主総会の普通決議（取締役会設置会社にあっては取締役会の決議）によって、以下の事項を定めることを要します（会社法183条2項）。　添付書面
　　① 分割割合及び基準日
　　② 効力発生日
　　③ 種類株式発行会社であるときは、分割する株式の種類
2　現に2以上の種類株式を発行していない株式会社は、分割割合の範囲内であれば、株主総会の特別決議によることなく、発行可能株式総数を増加する定款の変更をすることができます（会社法184条2項）。

【申請書】

```
登記の事由      発行可能株式総数の変更
                株式の分割
登記すべき事項   令和何年何月何日次のとおり変更
                  発行可能株式総数    8000株
                同日次のとおり変更
                  発行済株式の総数    2000株
登録免許税      金3万円（ツ）    ＊1
添付書面        取締役会議事録        1通    ＊2
                委任状              1通
```

＊1　発行可能株式総数及び株式の分割による変更の登記の登録免許税の区分は、いずれも
　　ツの区分である。そのため、これらの登記を1通の申請書で申請するときの登録免許税
　　は、金3万円である。

＊2　取締役会設置会社でないときは、添付書面を次のとおり置き換えよう。取締役会議事
　　録に代えて、株式の分割の決議をした株主総会議事録及び株主リストと、発行可能株式
　　総数の変更についての取締役の過半数の一致を証する書面を添付することとなる（商業
　　登記法46条1項、2項）。

```
添付書面        株主総会議事録                  1通
                株主リスト                      1通
                取締役の過半数の一致を証する書面    1通
                委任状                          1通
```

No.13-2 株式の分割 （種類株式発行会社）

> 種類株式発行会社である非公開会社が、取締役会の決議でA種類株式を分割すると同時に、株主総会の決議で発行可能株式総数を変更したときの申請書。

【完了後の登記記録例】

発行可能株式総数	４０００株	
	１万２０００株	令和何年何月何日変更
		令和何年何月何日登記
発行済株式の総数並びに種類及び数	発行済株式の総数 　　２０００株 各種の株式の数 　　A種類株式　　　１０００株 　　B種類株式　　　１０００株	
	発行済株式の総数 　　４０００株 各種の株式の数 　　A種類株式　　３０００株 　　B種類株式　　１０００株	令和何年何月何日変更 令和何年何月何日登記

取締役会設置会社に関する事項	取締役会設置会社

 One Point◆ ココをチェックしよう

　株式会社が種類株式発行会社であるときは、現実に２以上の種類の株式を発行しているかどうかをチェックしましょう。本事例の株式会社は、A種類株式、B種類株式を現実に発行しているため、発行可能株式総数を増加する定款変更をするときは、原則どおり、株主総会の特別決議によることを要します（会社法184条２項カッコ書参照）。　|添付書面|

【申請書】

登記の事由	発行可能株式総数の変更
	株式の分割
登記すべき事項	令和何年何月何日次のとおり変更
	発行可能株式総数　　　1万2000株
	同日次のとおり変更
	発行済株式の総数　　　4000株
	各種の株式の数　A種類株式　　3000株
	B種類株式　　1000株
登録免許税	金3万円（ツ）
添付書面	株主総会議事録　　　　1通
	（種類株主総会議事録　　1通）　　＊
	株主リスト　　　　　　何通
	取締役会議事録　　　　1通
	委任状　　　　　　　　1通

＊　株式の分割により、ある種類の株式の種類株主に損害を及ぼすおそれがあるときは、その種類株主による種類株主総会の特別決議を要する（会社法322条1項2号）。この場合は、種類株主総会議事録を添付する（商業登記法46条2項）。

株式無償割当て
（単一株式発行会社）

取締役会設置会社が、株式無償割当てをしたときの申請書。

【完了後の登記記録例】

発行済株式の総数 並びに種類及び数	発行済株式の総数 　　１０００株	
	発行済株式の総数 　　２０００株	令和何年何月何日変更
		令和何年何月何日登記

取締役会設置会社 に関する事項	取締役会設置会社

One Point ◆ **株式無償割当て**

　株式会社が株式無償割当てをしようとするときは、定款に別段の定めがある場合を除いて、株主総会の普通決議（取締役会設置会社にあっては取締役会の決議）により、所定の事項を定めることを要します（会社法186条１項・３項）。　**添付書面**

【申請書】

登記の事由	株式無償割当て
登記すべき事項	令和何年何月何日次のとおり変更
	発行済株式の総数　2000株　　＊1
登録免許税	金3万円（ツ）
添付書面	取締役会議事録　　1通　　＊2
	委任状　　1通

＊1　株式無償割当てにおいては、自己株式を交付することもできる。すべての株主に自己株式を交付したときは、発行済株式の総数は増加しないため、登記を要しない。

＊2　取締役会設置会社でないときは、取締役会議事録を「株主総会議事録　　1通」と置き換えよう（商業登記法46条2項）。この場合、株主リストも添付する（商業登記規則61条3項）。また、定款の別段の定めにしたがって決議をしたときは、定款も添付する（商業登記規則61条1項）。

　　A種類株式の種類株主に対し、その有する株式10株につき1株の割合で、B種類株式を新たに発行して割り当てるとする株式無償割当てをしたときの申請書。

【完了後の登記記録例】

発行済株式の総数並びに種類及び数	発行済株式の総数 　　３５００株 各種の株式の数 　A種類株式　　　３０００株 　B種類株式　　５００株	
	発行済株式の総数 　　３８００株 各種の株式の数 　A種類株式　　　３０００株 　B種類株式　　　８００株	令和何年何月何日変更 令和何年何月何日登記

取締役会設置会社に関する事項	取締役会設置会社

One Point◆ 種類株式発行会社の株式無償割当て

　種類株式発行会社においては、本事例のように、株主に対して、異なる種類の株式を割り当てることもできます（会社法186条1項1号・3号参照）。一方、株式の分割では、このようなコトをすることはできません。

【申請書】

登記の事由	株式無償割当て
登記すべき事項	令和何年何月何日次のとおり変更
	発行済株式の総数　3800株
	各種の株式の数　A種類株式　3000株
	B種類株式　800株
登録免許税	金3万円（ツ）
添付書面	取締役会議事録　1通
	（種類株主総会議事録　1通）　＊
	（株主リスト　1通）
	委任状　1通

＊　株式無償割当てをすることにより、ある種類の株式に損害を及ぼすおそれがあるときは、その種類株主による種類株主総会の特別決議を要する（会社法322条1項3号）。この場合、種類株主総会議事録とその株主リストを添付する（商業登記法46条2項）。

No.15-1 単元株式数の設定の登記
（単一株式発行会社）

単一株式発行会社が単元株式数を設定したときの申請書。

【完了後の登記記録例】

単元株式数	１００株	令和何年何月何日設定
		令和何年何月何日登記

【申請書】

```
登記の事由      単元株式数の設定
登記すべき事項   令和何年何月何日設定
               単元株式数    100株    ＊１
登録免許税      金３万円（ツ）
添付書面       株主総会議事録       1通    ＊２
               株主リスト          1通
               委任状             1通
```

＊１　単元株式数は、1000及び発行済株式の総数の200分の１に当たる数を超えることができない（会社法188条２項、会社法施行規則34条）。

＊２　定款を変更した株主総会の議事録を添付する（商業登記法46条２項）。なお、株式の分割と同時に単元株式数を設定（または増加）する場合であって、単元株式数を分割割合以下とするときは、株主総会の決議によらないで定款を変更できる（会社法191条）。この場合、取締役の過半数の一致を証する書面（取締役会を設置しない会社の場合）、または取締役会議事録を添付する（先例平18.3.31-782）。

No.15-2 単元株式数の設定
（種類株式発行会社）

種類株式発行会社が単元株式数を設定したときの申請書。

【完了後の登記記録例】

単元株式数	普通株式　５０株 優先株式　１０株	令和何年何月何日変更
		令和何年何月何日登記

【申請書】

```
登記の事由      単元株式数の設定
登記すべき事項   令和何年何月何日設定
              単元株式数    普通株式    50株    ＊1
                          優先株式    10株
登録免許税     金3万円（ツ）
添付書面      株主総会議事録        1通
             (種類株主総会議事録      何通)    ＊2
             株主リスト           何通
             委任状             1通
```

＊1　種類株式発行会社であるときは、株式の種類ごとに単元株式数を定めることを要する
（会社法188条３項）。

＊2　単元株式数を定める定款変更をすることが、ある種類の株式の種類株主に損害を及ぼ
すおそれがあるときは、その種類株主による種類株主総会議事録を添付する（商業登記
法46条２項）。

取締役会設置会社が、単元株式数を減少する変更をしたときの申請書。

【完了後の登記記録例】

単元株式数	１００株	
	１０株	令和何年何月何日変更
		令和何年何月何日登記

【申請書】

登記の事由	単元株式数の変更
登記すべき事項	令和何年何月何日次のとおり変更
	単元株式数　　　10株
登録免許税	金３万円（ツ）
添付書面	取締役会議事録　　　１通　　　＊
	委任状　　　　　　　１通

＊　単元株式数を減少または廃止する定款の変更は、取締役の決定または取締役会設置会社にあっては取締役会の決議によってすることができる（会社法195条１項）。このため、取締役の過半数の一致を証する書面（取締役を設置しない会社の場合）、または取締役会議事録を添付する（商業登記法46条１項・２項）。

No.15-4 単元株式数の廃止の登記

取締役会設置会社が、単元株式数を廃止したときの申請書。

【完了後の登記記録例】

単元株式数	１００株	令和何年何月何日設定
		令和何年何月何日登記
		令和何年何月何日廃止
		令和何年何月何日登記

【申請書】

登記の事由	単元株式数の定めの廃止		
登記すべき事項	令和何年何月何日単元株式数の定めの廃止		
登録免許税	金３万円（ツ）		
添付書面	取締役会議事録	１通	＊
	委任状	１通	

＊　単元株式数を減少または廃止する定款の変更は、取締役の決定または取締役会設置会社
にあっては取締役会の決議によってすることができる（会社法195条１項）。このため、取
締役の過半数の一致を証する書面（取締役会を設置しない会社の場合）、または取締役会
議事録を添付する（商業登記法46条１項・２項）。

株式の消却の登記
（単一株式発行会社）

取締役会設置会社が、株式の消却をしたときの申請書。

【完了後の登記記録例】

発行済株式の総数 並びに種類及び数	発行済株式の総数 　３０００株	
	発行済株式の総数 　２０００株	令和何年何月何日変更
		令和何年何月何日登記

【申請書】

```
登記の事由      株式の消却
登記すべき事項   令和何年何月何日次のとおり変更
              発行済株式の総数    2000株
登録免許税      金３万円（ツ）
添付書面       取締役会議事録      1通    ＊
              委任状           1通
```

＊　自己株式の消却を決議した取締役会議事録を添付する（会社法178条２項、商業登記法46条２項）。

先例

「自己株式を消却したときは、消却した株式の数につき、発行可能株式総数が減少する」旨の定款の定めがあるときは、自己株式の消却により、発行可能株式総数が減少する（先例平18.3.31-782参照）。

→この場合、登記の申請書には、定款の添付を要する（商業登記規則61条１項）。

No.16-2 株式の消却の登記
（種類株式発行会社）

種類株式発行会社が、B種類株式を1000株消却したときの申請書。

【完了後の登記記録例】

発行済株式の総数並びに種類及び数	発行済株式の総数 　　４５００株 各種の株式の数 　A種類株式　　３０００株 　B種類株式　　１５００株	
	発行済株式の総数 　　３５００株 各種の株式の数 　A種類株式　　３０００株 　B種類株式　　５００株	令和何年何月何日変更 令和何年何月何日登記

【申請書】

登記の事由	株式の消却		
登記すべき事項	令和何年何月何日次のとおり変更	＊	
	発行済株式の総数　　3500株		
	各種の株式の数　　A種類株式	3000株	
	B種類株式	500株	
登録免許税	金３万円（ツ）		
添付書面	取締役会議事録	１通	
	委任状	１通	

＊ 「発行済株式の総数並びに種類及び数」は、その全部が１つの登記事項であるから、上記のように、B種類株式のみを消却したようなときでも、変更のないものも含めて全部記載する。

No.17 株券を発行する旨の定めの廃止の登記

> 現実に株券を発行している株券発行会社が、株券を発行する旨の定めを廃止したときの申請書。

【完了後の登記記録例】

発行可能株式総数	５０００株
発行済株式の総数 並びに種類及び数	発行済株式の総数 　２０００株
株券を発行する旨 の定め	当会社は、株式に係る株券を発行する 　　　　　　　　　令和何年何月何日設定　　　令和何年何月何日登記 　　　　　　　　　令和何年何月何日廃止　　　令和何年何月何日登記
資本金の額	金５０００万円
株式の譲渡制限に 関する規定	当会社の株式を譲渡により取得するには、当会社の承認を要する
株主名簿管理人の 氏名又は名称及び 住所並びに営業所	東京都何区何町一丁目１番１号 ＵＳＪ信託株式会社本店

One Point ◆ 株券廃止の手続

1　株券を発行する旨の定めを廃止するためには、株主総会の特別決議による定款変更の手続を要します（会社法466条、309条２項11号）。　添付書面

2　現実に株券を発行している株券発行会社においては、会社法218条１項各号の事項を公告し、かつ、株主等への各別の通知を要します（会社法218条１項）。株式の全部について株券を発行していないときは、通知または公告で足ります（会社法218条３項・４項）。

添付書面

【申請書】

登記の事由	株券を発行する旨の定めの廃止		
登記すべき事項	令和何年何月何日株券を発行する旨の定めの廃止		
登録免許税	金3万円（ツ）		
添付書面	株主総会議事録	1通	＊1
	株主リスト	1通	
	株券廃止の公告をしたことを証する書面	1通	＊2
	委任状	1通	

＊1　定款変更に係る株主総会議事録を添付する（商業登記法46条2項）。

＊2　株券廃止の公告をしたことを証する書面が添付書面となる。また、株式の全部について株券を発行していないときは、これを「株式の全部について株券を発行していないことを証する書面　　1通」と置き換えよう（商業登記法63条）。

参考 株券発行会社の定めの設定

　本事案とは逆に、株券を発行する旨の定めを設定したときの申請書は、次のとおりである。

登記の事由	株券を発行する旨の定めの設定	
登記すべき事項	令和何年何月何日株券を発行する旨の定めの設定	
	当会社は、株式に係る株券を発行する	
登録免許税	金3万円（ツ）	
添付書面	株主総会議事録	1通
	株主リスト	1通
	委任状	1通

取締役会設置会社が株主名簿管理人を設置したときの申請書。

【完了後の登記記録例】

発行可能株式総数	5000株
発行済株式の総数並びに種類及び数	発行済株式の総数 　2000株
株券を発行する旨の定め	当会社は、株式に係る株券を発行する
資本金の額	金5000万円
株式の譲渡制限に関する規定	当会社の株式を譲渡により取得するには、当会社の承認を要する
株主名簿管理人の氏名又は名称及び住所並びに営業所	東京都何区何町一丁目1番1号 USJ信託株式会社本店 　　　　　　令和何年何月何日設置　　令和何年何月何日登記

One Point◆ 株主名簿管理人の設置の手続

1　株主名簿管理人を置くためには、「当会社は、株主名簿管理人を置く」という定款の定めを要します（会社法123条）。 　|添付書面|

2　取締役会または取締役の過半数の一致により株主名簿管理人を決定し、契約をします。
　|添付書面|

【申請書】

登記の事由	株主名簿管理人の設置
登記すべき事項	令和何年何月何日株主名簿管理人を設置
	株主名簿管理人の氏名又は名称及び住所並びに営業所
	東京都何区何町一丁目１番１号
	ＵＳＪ信託株式会社本店　　＊１
登録免許税	金３万円（ツ）　＊２
添付書面	定款　　　　　　　　　　　１通　　＊３
	取締役会議事録　　　　　　１通　　＊４
	株主名簿管理人との契約書　１通
	委任状　　　　　　　　　　１通

＊１　支店が事務を取り扱う場合は、登記すべき事項を以下のとおり置き換えよう。

登記すべき事項	令和何年何月何日株主名簿管理人を設置
	株主名簿管理人の氏名又は名称及び住所並びに営業所
	名古屋市何区何町二丁目３番４号
	ＵＳＪ信託株式会社　名古屋支店
	本店　東京都何区何町一丁目１番１号

＊２　登録免許税は、ツの区分で金３万円である。

＊３　定款の添付を忘れないようにしよう（商業登記法64条）。

＊４　株主名簿管理人を定めた取締役会議事録を添付する（商業登記法46条２項）。
　　　取締役会設置会社でない株式会社においては、「取締役の過半数の一致を証する書面
　　　１通」と置き換えよう（商業登記法46条１項）。

No.18-2 株主名簿管理人の変更の登記

　取締役会設置会社が、株主名簿管理人をＵＳＪ信託株式会社から、でるトコ信託株式会社に変更したときの申請書。

【完了後の登記記録例】

株主名簿管理人の氏名又は名称及び住所並びに営業所	東京都何区何町一丁目１番１号 ＵＳＪ信託株式会社本店 　　　　　　令和何年何月何日設置　　　令和何年何月何日登記
	東京都何区何町一丁目１番１号 でるトコ信託株式会社本店 　　　　　　令和何年何月何日変更　　　令和何年何月何日登記

【申請書】

```
登記の事由      株主名簿管理人の変更
登記すべき事項    令和何年何月何日株主名簿管理人ＵＳＪ信託株式会
            社を変更
            株主名簿管理人の氏名又は名称及び住所並びに営業所
            東京都何区何町一丁目1番1号
              でるトコ信託株式会社本店
登録免許税      金３万円（ツ）
添付書面       定款            1通    ＊1
            取締役会議事録       1通    ＊2
            株主名簿管理人との契約書  1通
            委任状           1通
```

＊1　本事例も、株主名簿管理人を置いたことによる変更の登記にあたるため、定款の添付を要する（商業登記法64条）。

＊2　新たな株主名簿管理人を定めた取締役会議事録または取締役の過半数の一致を証する書面を添付する（商業登記法46条１項・２項）。

No.**18-3** 株主名簿管理人の廃止の登記

株主名簿管理人を置く旨の定款の定めを廃止したときの申請書。

【完了後の登記記録例】

株主名簿管理人の氏名又は名称及び住所並びに営業所	東京都何区何町一丁目1番1号 ＵＳＪ信託株式会社本店 　　　　　令和何年何月何日設置　　令和何年何月何日登記
	令和何年何月何日株主名簿管理人ＵＳＪ信託株式会社を廃止　　　　　　　　令和何年何月何日登記

【申請書】

```
登記の事由      株主名簿管理人の廃止
登記すべき事項
      令和何年何月何日株主名簿管理人ＵＳＪ信託株式会社の廃止
登録免許税      金3万円（ツ）
添付書面      株主総会議事録      1通   ＊
            株主リスト          1通
            委任状            1通
```

＊ 定款変更に係る株主総会議事録を添付する（商業登記法46条2項）。一方、定款の定めはそのままで、会社が株主名簿管理人との契約を解除し、新たな株主名簿管理人を置かないこととするときは、株主総会議事録及び株主リストの部分を、「取締役会議事録（取締役の過半数の一致を証する書面）　1通」と置き換えよう（商業登記法46条2項・1項）。

第**5**章 募集株式の発行の登記

No.1-1 募集株式の発行による変更の登記
（第三者割当て　単一株式発行会社　非公開会社）

> 　　非公開会社である取締役会設置会社が、第三者割当ての方法により募集株式を発行したときの申請書。なお、すべて金銭出資で、会社は自己株式を有していないものとする。

【完了後の登記記録例】

発行済株式の総数並びに種類及び数	発行済株式の総数　　5000株	
	発行済株式の総数　　6000株	令和何年何月何日変更
		令和何年何月何日登記
資本金の額	金1億円	
	金1億5000万円	令和何年何月何日変更
		令和何年何月何日登記
株式の譲渡制限に関する規定	当会社の株式を譲渡により取得するには、当会社の承認を要する	

One Point◆ 募集株式の発行のポイント

1　　非公開会社が第三者割当ての方法により募集株式の発行をするときは、原則として、株主総会の特別決議により募集事項を決定します（会社法199条2項、309条2項5号）。また、株主総会の特別決議による委任を受けたときは、取締役会または取締役の過半数の一致により決定します（会社法200条1項前段）。　**添付書面**
2　　新株を発行したときは、発行済株式の総数と資本金の額が増加します。

【申請書】

登記の事由	募集株式の発行		
登記すべき事項	令和何年何月何日次のとおり変更		
	発行済株式の総数　　6000株		
	資本金の額　　　　　金1億5000万円		
課税標準金額	金5000万円		
登録免許税	金35万円（ニ）　　＊1		
添付書面	株主総会議事録	1通	＊2
	株主リスト	1通	
	取締役会議事録	1通	＊3
	募集株式の引受けの申込みを証する書面	何通	＊4
	払込みがあったことを証する書面	1通	
	資本金の額が会社法及び会社計算規則の規定に		
	従って計上されたことを証する書面	1通	
	委任状	1通	

添付書面　上記の添付書面は一例である。詳細は、**No.3-2** の後の「ココをチェックしよう」を参照しよう。

＊1　登録免許税は、増加した資本金の額に7/1000を乗じて得た額であり、これによって計算した額が3万円に満たないときは、3万円となる（ニ）。

＊2　募集事項を決定した株主総会の議事録を添付する（商業登記法46条2項）。株主総会の特別決議による委任を受けて、取締役会が募集事項を決定したときは、株主総会議事録及び取締役会議事録を添付しよう。

＊3　募集株式が譲渡制限株式であるときは、定款に別段の定めがある場合を除いて、株主総会の特別決議（取締役会設置会社においては取締役会の決議）による割当てを要するため（会社法204条2項）、株主総会議事録及び株主リストまたは取締役会議事録を添付する（商業登記法46条2項）。なお、定款の別段の定めに基づいて割当ての決議をしたときは、定款も添付する（商業登記規則61条1項）。

＊4　総数引受契約をしたときは、「募集株式の引受けの申込みを証する書面」を「総数引受契約を証する書面　　　1通」と置き換えよう（商業登記法56条1号）。また、募集株式が譲渡制限株式であるときは、定款に別段の定めがある場合を除いて、株主総会の特別決議（取締役会設置会社においては取締役会の決議）による承認を受けることを要する（会社法205条2項）。この場合、総数引受契約の承認に係る株主総会議事録及び株主リストまたは取締役会議事録もあわせて添付しよう（商業登記法46条2項）。

募集株式の発行による変更の登記
（第三者割当て　単一株式発行会社　公開会社）

　上場会社ではない公開会社が、第三者割当ての方法により募集株式を発行したときの申請書。なお、すべて金銭出資で、会社は自己株式を有していない。また、支配株主の異動を伴う場合にはあたらないものとする。

【申請書】

登記の事由	募集株式の発行
登記すべき事項	令和何年何月何日次のとおり変更
	発行済株式の総数　　6000株
	資本金の額　　　　　金1億5000万円
課税標準金額	金5000万円
登録免許税	金35万円（ニ）
添付書面	取締役会議事録　　　　　　　　　　　　1通　＊1
	募集株式の引受けの申込みを証する書面　何通　＊2
	払込みがあったことを証する書面　　　　1通
	資本金の額が会社法及び会社計算規則の規定に
	従って計上されたことを証する書面　　　1通
	委任状　　　　　　　　　　　　　　　　1通

＊1　公開会社では、原則として取締役会の決議で募集事項を決定するため、取締役会議事録を添付する（商業登記法46条2項）。また、有利発行の場合で、株主総会の特別決議によって募集事項を決定したときは、「株主総会議事録　1通」と置き換えよう。

＊2　総数引受契約をしたときは、「総数引受契約を証する書面　1通」と置き換えよう（商業登記法56条1号）。

One Point◆ ココをチェックしよう

　公開会社が第三者割当ての方法によって募集株式の発行をするときは、取締役会決議の日と払込期日の間に2週間あるかどうかを、必ずチェックしましょう（有利発行のケースを除く）。そして、上記の間に2週間の期間がないときは、添付書面に総株主の同意書と株主リストを追加することとなります（先例昭41.10.5-2875）。

参考 募集事項の決定機関と添付書面のまとめ

第三者割当てによる募集株式の発行の場合の募集事項の決定機関に応じて、以下のとおり、株主総会議事録等を添付する（商業登記法46条2項、1項）。

1 **非公開会社**
　① **株主総会の特別決議により決定した場合**
　　株主総会議事録
　② **株主総会の特別決議による委任を受けた取締役により決定した場合**
　　株主総会議事録及び取締役の過半数の一致を証する書面
　③ **株主総会の特別決議による委任を受けた取締役会により決定した場合**
　　株主総会議事録及び取締役会議事録
2 **公開会社**
　① **取締役会決議により決定した場合**
　　取締役会議事録
　② **株主総会の特別決議により決定した場合（有利発行）**
　　株主総会議事録
　③ **株主総会の特別決議による委任を受けた取締役会により決定した場合（有利発行）**
　　取締役会議事録（先例昭30.6.25-1333）
3 **種類株式発行会社**
　　公開会社、非公開会社を問わず、募集株式の種類が譲渡制限株式であるときは、種類株主総会の決議を要しない旨の定款の定めがある場合を除いて、上記の決定機関に応じた書面に加えて、譲渡制限株式を有する種類株主の種類株主総会の議事録を添付する。
4 **上場会社**
　　上場会社が、取締役への報酬等として募集株式を発行する場合（会社法202条の2。以下、「上場会社の報酬特則」と命名する）は、以下の書面を添付する（先例令3.1.29-14）。
　① **会社法361条1項3号の定めに係る定款**
　　→定款にこの定めがないときは、株主総会議事録及び株主リスト
　② **募集事項を決定した取締役会議事録**

One Point◆ 上場会社の報酬特則

　上場会社の報酬特則に係る募集株式の発行による変更登記の申請書には、上場会社であることを証する書面の添付を要しません。この場合、登記官が、登記記録などからその会社が非公開会社でないことを確認すれば足りるとされています（先例令3.1.29-14）。なお、本書では、特に記載のない限り、上場会社の報酬特則に係る募集株式の発行は考慮しないものとします。

募集株式の発行による変更の登記
(第三者割当て　種類株式発行会社　公開会社)

　　公開会社である種類株式発行会社が、第三者割当ての方法により募集株式としてA種類株式を発行したときの申請書。なお、すべて金銭出資で、会社は自己株式を有していない。また、支配株主の異動を伴う場合にはあたらないものとする。

【完了後の登記記録例】

発行済株式の総数並びに種類及び数	発行済株式の総数 　　3500株 各種の株式の数 　　A種類株式　　3000株 　　B種類株式　　500株	
	発行済株式の総数 　　4500株 各種の株式の数 　　A種類株式　　4000株 　　B種類株式　　500株	令和何年何月何日変更 令和何年何月何日登記
資本金の額	金1億円	
	金1億5000万円	令和何年何月何日変更 令和何年何月何日登記
株式の譲渡制限に関する規定	当会社のA種類株式を譲渡するには、取締役会の決議を要する	

One Point♦ 種類株式発行会社の注意点

① 公開会社、非公開会社を問わず、種類株式発行会社において、募集株式の種類が譲渡制限株式であるときの募集事項の決定は、原則として、譲渡制限株式の種類株主による種類株主総会の特別決議がなければ、その効力を生じません(会社法199条4項)。 添付書面

② 種類株主総会の決議を不要とする定款の定めがある場合、または、議決権を行使できる種類株主がいないときは、①の種類株主総会の特別決議を要しません。

【申請書】

登記の事由	募集株式の発行
登記すべき事項	令和何年何月何日次のとおり変更　＊1
	発行済株式の総数　　4500株
	各種の株式の数　A種類株式　　4000株
	B種類株式　　500株
	資本金の額　　　　金1億5000万円
課税標準金額	金5000万円
登録免許税	金35万円（ニ）
添付書面	取締役会議事録　　　　　　　　　2通　＊2
	種類株主総会議事録　　　　　　　1通　＊3
	株主リスト　　　　　　　　　　　1通
	募集株式の引受けの申込みを証する書面　何通
	払込みがあったことを証する書面　1通
	資本金の額が会社法及び会社計算規則の規定に
	従って計上されたことを証する書面　1通
	委任状　　　　　　　　　　　　　1通

＊1　「発行済株式の総数並びに種類及び数」は、その全部が1つの登記事項であるから、本事例のように、A種類株式の数のみが増えたときでも、変更のないB種類株式も含めて全部記載しよう。

＊2　募集事項を決定した取締役会議事録と、譲渡制限株式であるA種類株式の割当てを決議した取締役会議事録の合計2通を添付する（商業登記法46条2項）。

＊3　譲渡制限株式であるA種類株主による種類株主総会の議事録を添付する（商業登記法46条2項、会社法199条4項、**One Point**参照）。

募集株式の発行による変更の登記
（株主割当て　単一株式発行会社　非公開会社）

非公開会社である取締役会設置会社が、株主割当ての方法により募集株式を発行したときの申請書。なお、すべて金銭出資で、会社は自己株式を有していないものとする。

【完了後の登記記録例】

発行済株式の総数並びに種類及び数	発行済株式の総数　　5000株	
	発行済株式の総数　　6000株	令和何年何月何日変更
		令和何年何月何日登記
資本金の額	金1億円	
	金1億5000万円	令和何年何月何日変更
		令和何年何月何日登記
株式の譲渡制限に関する規定	当会社の株式を譲渡により取得するには、当会社の承認を要する	

 One Point◆ 募集事項の決定機関（株主割当て）

株式会社が株主割当ての方法によって募集株式の発行をする場合における募集事項等の決定機関と決定方法は、次のとおりです。

　1　公開会社
　　　取締役会の決議
　2　非公開会社
　①　株主総会の特別決議
　②　定款の定めがあるときは、取締役会の決議または取締役の過半数の一致

このほか、種類株式発行会社においては、株主割当ての方法により募集株式を発行することが、ある種類の種類株主に損害を及ぼすおそれがあるときは、その種類株主による種類株主総会の特別決議を要することとなります（会社法322条1項4号）。

【申請書】

登記の事由	募集株式の発行		
登記すべき事項	令和何年何月何日次のとおり変更		
	発行済株式の総数　　6000株		
	資本金の額　　　　金1億5000万円		
課税標準金額	金5000万円		
登録免許税	金35万円（ニ）　　*1		
添付書面	株主総会議事録	1通	*2
	株主リスト	1通	
	募集株式の引受けの申込みを証する書面	何通	
	払込みがあったことを証する書面	1通	
	資本金の額が会社法及び会社計算規則の規定に		
	従って計上されたことを証する書面	1通	
	委任状	1通	

*1 　登録免許税は、増加した資本金の額の1000分の7。これによって計算した額が3万円に満たないときは、金3万円である（ニ）。

*2 　募集事項を決定した株主総会議事録を添付する（商業登記法46条2項）。また、定款の定めに基づいて、取締役会または取締役の過半数の一致で募集事項を決定したときは、株主総会議事録及び株主リストの部分を以下のとおり置き換えよう（商業登記規則61条1項、商業登記法46条2項・1項）。

添付書面	定款	1通
	取締役会議事録（取締役の過半数の一致を証する書面）	1通

　公開会社である種類株式発行会社が、株主割当ての方法により募集株式としてA種類株式を発行したときの申請書。なお、すべて金銭出資で、会社は自己株式を有していないものとする。

【完了後の登記記録例】

発行済株式の総数 並びに種類及び数	発行済株式の総数 　　３５００株 各種の株式の数 　　A種類株式　　３０００株 　　B種類株式　　５００株	
	発行済株式の総数 　　４５００株 各種の株式の数 　　A種類株式　　４０００株 　　B種類株式　　５００株	令和何年何月何日変更 令和何年何月何日登記
資本金の額	金1億円	
	金1億5000万円	令和何年何月何日変更 令和何年何月何日登記

One Point⋆ ココをチェックしよう

　公開会社、非公開会社を問わず、株式会社が株主割当ての方法によって募集株式の発行をするときは、株主総会決議または取締役会決議の日と申込期日との間に2週間あるかどうかを、必ずチェックしましょう。2週間の期間がないときは、期間短縮に関する総株主の同意書及び株主リストの添付を要することとなります（先例昭54.11.6-5692）。

【申請書】

登記の事由	募集株式の発行
登記すべき事項	令和何年何月何日次のとおり変更

> 発行済株式の総数　　4500株
> 各種の株式の数　A種類株式　　4000株
> 　　　　　　　　B種類株式　　　500株
> 資本金の額　　　　金1億5000万円

課税標準金額	金5000万円		
登録免許税	金35万円　（ニ）		
添付書面	取締役会議事録	1通	＊1
	（種類株主総会議事録	1通）	＊2
	（株主リスト	何通）	
	募集株式の引受けの申込みを証する書面	何通	
	払込みがあったことを証する書面	1通	
	資本金の額が会社法及び会社計算規則の規定に		
	従って計上されたことを証する書面	1通	
	委任状	1通	

＊1　公開会社が株主割当ての方法によって募集株式を発行する場合、その募集事項の決定は、取締役会の決議によって行う（会社法202条3項3号）。このため、取締役会議事録を添付する（商業登記法46条2項）。

＊2　株主割当ての方法により募集株式を発行することが、ある種類の株式の種類株主に損害を及ぼすおそれがあるときは、その種類株主による種類株主総会の特別決議を要するため（会社法322条1項4号）、必要に応じて種類株主総会議事録を添付しよう。このことは、公開会社、非公開会社を問わない。

ココをチェックしよう 募集株式の発行の添付書面のまとめ

募集株式の発行による変更の登記の添付書面の一覧である（商業登記法46条1項・2項、56条）。よく整理しておこう。

1 第三者割当ての場合の添付書面

① 募集事項の決定を証する株主総会議事録、種類株主総会議事録、取締役会議事録または取締役の過半数の一致を証する書面

② 募集株式が譲渡制限株式であるときは、割当ての決定機関または総数引受契約の承認機関に応じ、株主総会議事録または取締役会議事録

③ 募集株式の引受けの申込みまたは総数引受契約を証する書面

④ 金銭を出資の目的とするときは、払込みがあったことを証する書面

⑤ 現物出資をする場合は、次の書面（詳細は、商登法56条3号、4号を参照しよう）
・検査役が選任されたときは検査役の調査報告書及びその付属書類
・有価証券の市場価格を証する書面
・弁護士等の証明書（現物出資財産が不動産であるときは、不動産鑑定士の鑑定評価書を含む）及び付属書類
・株式会社に対する弁済期到来済みの金銭債権について記載された会計帳簿
・検査役の報告に関する裁判があったときは、その謄本

⑥ 資本金の額が会社法及び会社計算規則の規定に従って計上されたことを証する書面（商業登記規則61条9項）

⑦ 支配株主の異動を伴う場合において、総株主の議決権の10分の1以上の議決権を有する株主から反対の通知があったときは、割当てまたは総数引受契約の承認に係る株主総会議事録

One Point◆ 支配株主の異動

総株主の議決権の10分の1以上の議決権を有する株主から反対の通知があった場合において、会社法206条の2第4項ただし書により、例外的に承認を受けるべき場合に該当しないときは、当該場合に該当しないことを証する書面を添付します。

⑧ 公開会社において、募集事項の決定の日から払込期日までの間に2週間の期間がない場合は、期間短縮に関する株主全員の同意書または有利発行に関する株主総会の議事録を添付する（先例昭41.10.5-2875）。

⑨ 登記すべき事項について株主総会または種類株主総会の決議、株主全員の同意を要するときは、株主リストを添付する（商業登記規則61条2項・3項）。

参考 上場会社の報酬特則

　上場会社の報酬特則に係る募集株式の発行による変更の登記の申請書の添付書面は、次のとおりである（先例令3.1.29-14）。なお、上場会社であることを証する書面の添付を要しない。

① 会社法361条1項3号の定めに係る定款
　→定款に定めがないときは、株主総会議事録および株主リスト
② 募集事項の決定に係る取締役会議事録
③ 募集株式の引受けの申込みまたは総数引受契約を証する書面
④ 募集株式が譲渡制限株式であるときは、割当ての決定または総数引受契約の承認に係る取締役会議事録
⑤ 資本金の額が増加するときは、資本金の額の計上証明書

2　株主割当ての場合の添付書面

① 募集事項等の決定を証する株主総会議事録、種類株主総会議事録、取締役会議事録または取締役の過半数の一致を証する書面（非公開会社において定款の定めを要するときは、定款を含む。詳細は **No.3-1** 参照)

② 募集株式の引受けの申込みを証する書面

③ 金銭を出資の目的とするときは、払込みがあったことを証する書面

④ 現物出資をする場合は商業登記法56条3号・4号の書面

⑤ 資本金の額が会社法及び会社計算規則の規定に従って計上されたことを証する書面（商業登記規則61条9項）

⑥ 会社法202条4項の期間を短縮する場合は、株主全員の同意書（先例昭54.11.6-5692)

⑦ 登記すべき事項について株主総会または種類株主総会の決議、株主全員の同意を要するときは、株主リストを添付する（商業登記規則61条2項・3項）。

No.1 募集新株予約権の発行の登記

上場会社でない公開会社が募集新株予約権を発行したときの申請書。なお、支配株主の異動を伴う場合にはあたらないものとする。

【完了後の登記記録例】

新株予約権	第1回新株予約権 　新株予約権の数 　　　100個 　新株予約権の目的たる株式の種類及び数又はその算定方法 　　普通株式　5000株 　募集新株予約権の払込金額若しくはその算定方法又は払込みを要しないとする旨 　　　無償 　新株予約権の行使に際して出資される財産の価額又はその算定方法 　　1個あたり金100万円 　新株予約権を行使することができる期間 　　令和何年何月何日まで	
		令和何年何月何日発行
		令和何年何月何日登記

One Point ◆ 募集新株予約権の発行の登記

新株予約権の登記事項の詳細は、会社法911条3項12号を参照しましょう。また、募集以外で新株予約権を発行した場合の登記は、すでに学習済みです。第4章 **No.9-2**、**9-3**、**10-2**、**11** の参考を参照しましょう。

【申請書】

> 登記の事由　　　新株予約権の発行
> 登記すべき事項
> 　令和何年何月何日次のとおり発行
> 　　新株予約権の名称　第1回新株予約権
> 　　新株予約権の数　　１００個
> 　　新株予約権の目的たる株式の種類及び数又はその算定方法
> 　　　普通株式　　５０００株
> 　　募集新株予約権の払込金額若しくはその算定方法又は払込みを要
> 　しないとする旨
> 　　　無償
> 　　新株予約権の行使に際して出資される財産の価額又はその算定方法
> 　　　１個あたり金１００万円
> 　　新株予約権を行使することができる期間
> 　　　令和何年何月何日まで
> 登録免許税　金9万円（ヌ）
> 添付書面　　取締役会議事録　　　　　　　　　　１通　　＊
> 　　　　　　募集新株予約権の引受けの申込みを証する書面
> 　　　　　　（または総数引受契約を証する書面）　　何通
> 　　　　　　委任状　　　　　　　　　　　　　　　１通

＊　第三者割当て、株主割当ての募集事項の決定機関に応じて、株主総会議事録や取締役会議事録、株主リスト等を添付する（商業登記法46条1項・2項、商業登記規則61条3項）。登記事項や添付書面の詳細は、後述の参考を参照しよう。

参考 その1　新株予約権の登記事項

新株予約権の登記事項は、次のとおりである（会社法911条3項12号）。

1　新株予約権の数
2　新株予約権の目的である株式の数（種類株式発行会社の場合は、株式の種類及び種類ごとの数）またはその数の算定方法
3　新株予約権の行使に際して出資される財産の価額またはその算定方法（＊）
4　金銭以外の財産を新株予約権の行使に際してする出資の目的とするときは、その旨並びにその財産の内容及び価額
5　新株予約権を行使することができる期間
6　新株予約権の行使の条件を定めたときは、その条件
7　取得条項付新株予約権とするときは、取得の事由など、会社法236条1項7号に定める事項
8　募集新株予約権と引換えに金銭の払込みを要しないこととする場合にはその旨
9　8の場合以外（つまり、有償発行）の場合は、募集新株予約権の払込金額
10　9において募集新株予約権の払込金額の算定方法を定めた場合は次のとおり
　　①　登記の申請の時までに募集新株予約権の払込金額が確定しているとき
　　　　募集新株予約権の払込金額
　　②　登記の申請の時までに募集新株予約権の払込金額が確定していないとき
　　　　募集新株予約権の払込金額の算定方法

（＊）　上場会社の報酬特則に係る新株予約権の場合は、3に代えて、次の事項が登記事項となる。
　　①　取締役の報酬等として、または取締役の報酬等をもってする払込みと引換えに新株予約権を発行するものであり、新株予約権の行使に際してする金銭の払込み、または現物出資財産の給付を要しない旨
　　②　定款または株主総会の決議による361条第1項第4号または第5号ロに掲げる事項についての定めに係る取締役（取締役であった者を含む。）以外の者は、新株予約権を行使することができない旨
　　　　→②は、「新株予約権の行使の条件」として登記されることとなる（先例令3.1.29-14記録例1）。

参考 その2 募集新株予約権の発行の登記の添付書面一覧
　募集新株予約権の発行による変更登記の添付書面は、次のとおりである。

1　募集事項等を決定した機関に応じて、株主総会または種類株主総会の議事録及び株主リスト、取締役会議事録または取締役の過半数の一致を証する書面（定款を含む）　＊

2　第三者割当ての場合において、募集新株予約権が譲渡制限新株予約権またはその目的が譲渡制限株式であるときは、割当ての決定または総数引受契約の承認の機関に応じて、株主総会議事録及び株主リスト、または取締役会議事録

3　申込みに係る書面
　①　第三者割当ての場合
　　　募集新株予約権の引受けの申込みまたは総数引受契約を証する書面
　②　株主割当ての場合
　　　募集新株予約権の引受けの申込みを証する書面

4　有償発行の場合において、払込期日（割当日より前の日である場合に限る）を定めたときは、以下の書面
　①　金銭の払込みの場合
　　　払込みがあったことを証する書面
　②　①以外の場合
　　　金銭以外の財産の給付または相殺があったことを証する書面

5　期間短縮に係る総株主の同意書及び株主リスト
　①または②の場合に応じて、2週間の期間が足りないときに添付する。
　①　第三者割当ての場合
　　　会社法240条2項・3項の2週間前の通知または公告
　②　株主割当ての場合
　　　会社法241条2項の2週間前の通知

6　支配株主の異動を伴う場合において、総株主の議決権の10分の1以上の議決権を有する株主から反対の通知があったときは、割当てまたは総数引受契約の承認に係る株主総会議事録及び株主リスト（第三者割当ての場合に限る）
　　→この場合であっても、例外的に承認を受けるべき場合に該当しないときは、その場合に該当しないことを証する書面を添付する。

（＊）　上場会社の報酬特則に係る新株予約権の場合は、以下の書面を添付する。
　①　会社法361条1項4号の定めに係る定款
　　　→定款にこの定めがないときは、株主総会議事録及び株主リスト
　②　募集事項を決定した取締役会議事録
　　　なお、上場会社であることを証する書面の添付は要しない。

新株予約権の行使による変更の登記
（一部行使の場合）

　新株予約権の一部の行使があったときの申請書。なお、すべて金銭出資で、会社は自己株式を有していない。また、新株予約権の帳簿価格は、金0円である。

【完了後の登記記録例】

発行済株式の総数 並びに種類及び数	発行済株式の総数 　　5000株	
	発行済株式の総数 　　6000株	令和何年何月何日変更
		令和何年何月何日登記
資本金の額	金1億円	
	金1億2000万円	令和何年何月何日変更
		令和何年何月何日登記

新株予約権	第1回新株予約権 　　新株予約権の数 　　　　100個 　　　　80個 　　　　　　　　　　令和何年何月何日変更　　　令和何年何月何日登記 　　新株予約権の目的たる株式の種類及び数又はその算定方法 　　　普通株式　5000株 　　　普通株式　4000株 　　　　　　　　　　令和何年何月何日変更　　　令和何年何月何日登記 　　募集新株予約権の払込金額若しくはその算定方法又は払込みを要しないとする旨 　　　無償 　　新株予約権の行使に際して出資される財産の価額又はその算定方法 　　　1個あたり金100万円 　　新株予約権を行使することができる期間 　　　令和何年何月何日まで	
		令和何年何月何日発行
		令和何年何月何日登記

【申請書】

登記の事由	新株予約権の行使
登記すべき事項	令和何年何月何日次のとおり変更 ＊1
	発行済株式の総数 6000株 ＊2
	資本金の額 金1億2000万円
	第1回新株予約権の数 80個
	新株予約権の目的たる株式の種類及び数又はその算定方法
	普通株式 4000株
課税標準金額	金2000万円
登録免許税	金14万円（ニ）
添付書面	新株予約権の行使があったことを証する書面 1通 ＊3
	払込みがあったことを証する書面 1通
	資本金の額が会社法及び会社計算規則の規定に
	従って計上されたことを証する書面 1通
	委任状 1通

＊1 新株予約権の行使による変更の登記は、行使があった日から2週間以内に申請する。
ただし、行使期間中は、新株予約権の行使が五月雨式になることもあるため、毎月末日
現在により、当該末日から2週間以内に、その月の末日までの変更分をまとめて申請す
ることもできる（会社法915条3項1号）。

＊2 登記すべき事項は、次のとおりである。
① 発行済株式総数
② 資本金の額
③ 新株予約権の数
④ 新株予約権の目的たる株式の種類及び数又はその算定方法
新株予約権の一部行使により新たに株式を発行したときは①と②が増加し、③と④が
減少する。一方、会社が新株予約権の行使に際して自己株式のみを交付したときは、③
と④が減少するのみで、①と②に変更は生じない。

＊3 添付書面の詳細は、後述の**参考**を参照しよう。

 One Point ◆ 新株予約権の一部行使と登記事項

上記の＊2でも触れましたが、新株予約権の一部行使の場合、会社が新たに株式を発行し
たか、自己株式のみを交付したかにかかわりなく、③と④の事項（完了後の登記記録例の赤
い文字の部分）が、必ず減少します。このため、新株予約権の一部行使があったときは、常
に変更登記の申請を要することとなるので注意しましょう。

新株予約権の全部が行使されたときの申請書。なお、すべて金銭出資で、会社は自己株式を有していない。また、新株予約権の帳簿価格は、金0円である。

【完了後の登記記録例】

発行済株式の総数 並びに種類及び数	発行済株式の総数 　　5000株	
	発行済株式の総数 　　1万株	令和何年何月何日変更
		令和何年何月何日登記
資本金の額	金1億円	
	金2億円	令和何年何月何日変更
		令和何年何月何日登記

新株予約権	第1回新株予約権 　新株予約権の数 　　　100個 　新株予約権の目的たる株式の種類及び数又はその算定方法 　　普通株式　5000株 　募集新株予約権の払込金額若しくはその算定方法又は払込みを要しないとする旨 　　無償 　新株予約権の行使に際して出資される財産の価額又はその算定方法 　　1個あたり金100万円 　新株予約権を行使することができる期間 　　令和何年何月何日まで	
		令和何年何月何日発行
		令和何年何月何日登記
	令和何年何月何日新株予約権全部行使	
		令和何年何月何日登記

【申請書】

登記の事由	新株予約権の全部行使
登記すべき事項	令和何年何月何日第1回新株予約権全部行使
	同日次のとおり変更
	発行済株式の総数 1万株
	資本金の額 金2億円
課税標準金額	金1億円
登録免許税	金70万円（ニ） ＊
添付書面	新株予約権の行使があったことを証する書面 1通
	払込みがあったことを証する書面 1通
	資本金の額が会社法及び会社計算規則の規定に
	従って計上されたことを証する書面 1通
	委任状 1通

＊ 登録免許税は、増加した資本金の額に7/1000を乗じて得た額であり、これによって計算
した額が3万円に満たないときは、3万円となる（ニ）。

参考 新株予約権の行使と添付書面一覧

　新株予約権の行使による変更登記の添付書面は、次のとおりである（商業登記法57条、商業登記規則61条9項等）。

1　**新株予約権の行使があったことを証する書面**
2　**行使の際の出資の目的が金銭であるときは、払込みがあったことを証する書面**
3　**行使の際の出資の目的が金銭以外の財産であるときは、次の書面**
　①　検査役が選任されたときは、検査役の調査報告を記載した書面及びその附属書類
　②　市場価格のある有価証券を現物出資財産とした場合で、検査役の調査を要しないケースに当たるときは、有価証券の市場価格を証する書面
　③　現物出資財産の価額が相当であることについて、弁護士等の証明を受けたことにより検査役の調査を要しないケースに当たるときは、弁護士等の証明を記載した書面及びその附属書類
　　　→現物出資財産が不動産であるときは、弁護士等の証明書＋不動産鑑定士の鑑定評価書
　④　金銭債権を現物出資財産とした場合で、検査役の調査を要しないケースに当たるときは、その金銭債権について記載された会計帳簿
　⑤　現物出資財産の価額に不足が生じる場合には、差額に相当する金銭の払込みがあったことを証する書面
　⑥　検査役の報告に関する裁判があったときは、その謄本
4　**新株予約権の内容として、資本準備金に関する事項を定めたときは、募集事項等の決定機関に応じて、株主総会（種類株主総会）議事録、取締役会議事録、取締役の過半数の一致を証する書面（募集事項の決定機関につき定款の定めを要するときは、定款を含む）**
　　　→4の場合において、株主総会（種類株主総会）議事録を添付するときであっても、株主リストの添付は要しない。
5　**資本金の額が会社法及び会社計算規則の規定に従って計上されたことを証する書面**

参考 新株予約権の消滅の登記

　行使期間満了、行使不能により新株予約権が消滅したときの申請書の記載例を簡単にご紹介しておこう。いずれも、添付書面に注意を要する。

1　新株予約権の行使期間が満了したときの申請書

登記の事由	新株予約権の行使期間満了
登記すべき事項	令和何年何月何日第1回新株予約権の行使期間満了
登録免許税	金3万円（ツ）
添付書面	委任状　　　1通　　　＊

＊　代理人によって申請するときの委任状以外の書面の添付を要しない。新株予約権の行使期間は登記事項であり、その満了の事実は、登記官にも明らかだからである。

2　新株予約権が行使不能により消滅したときの申請書

登記の事由	新株予約権の消滅
登記すべき事項	令和何年何月何日次のとおり変更　　　＊1
	第何回新株予約権の数　　　何個
	新株予約権の目的たる株式の種類及び数又はその算定方法
	普通株式　　　何株
登録免許税	金3万円（ツ）
添付書面	委任状　　　1通　　　＊2

＊1　全部消滅したときは、「年月日第何回新株予約権全部消滅」と記載する。

＊2　代理人によって申請するときの委任状以外の書面の添付を要しない。このケースで必要となる添付書面を定めた規定がないためである。

No. 1-1 資本金の額の減少

株式会社が資本金の額を減少したときの申請書。

【完了後の登記記録例】

資本金の額	金5000万円	
	金3000万円	令和何年何月何日変更
		令和何年何月何日登記

【申請書】

登記の事由	資本金の額の減少		
登記すべき事項	令和何年何月何日次のとおり変更		＊1
	資本金の額　　金3000万円		
登録免許税	金3万円（ツ）		
添付書面	株主総会議事録	1通	＊2
	株主リスト	1通	
	公告及び催告をしたことを証する書面	2通	＊3
	異議を述べた債権者はいない	＊4	
	委任状	1通	

＊1　日付は効力発生日。効力発生日を変更したときは、これを変更した取締役会議事録または取締役の過半数の一致を証する書面を添付する。

＊2　株主総会議事録（決議要件は特別決議）と株主リストを添付する。取締役会の決議等により資本金の額を減少したときは、取締役会議事録（または取締役の過半数の一致を証する書面）を添付する（会社法447条3項）。

＊3　「官報＋日刊新聞紙」「官報＋電子公告」により各別の催告を省略したときは、「公告をしたことを証する書面　2通」と置き換えよう。

＊4　異議を述べた債権者がいないときは、このとおり記載する。

No.1-2　資本金の額の減少（欠損てん補の場合）

　株式会社が、定時株主総会の普通決議により、欠損額の範囲内で資本金の額を減少したときの申請書。

【完了後の登記記録例】

資本金の額	金5000万円	
	金3000万円	令和何年何月何日変更
		令和何年何月何日登記

【申請書】

```
登記の事由　　　　資本金の額の減少
登記すべき事項　　令和何年何月何日次のとおり変更
　　　　　　　　　　資本金の額　　　金3000万円
登録免許税　　　　金３万円（ツ）
添付書面　　　　　株主総会議事録　　　　　　　　　　　　　1通
　　　　　　　　　株主リスト　　　　　　　　　　　　　　　1通
　　　　　　　　　一定の欠損の額が存在することを証する書面　1通　　＊1
　　　　　　　　　公告及び催告をしたことを証する書面　　　　2通
　　　　　　　　　異議を述べた債権者はいない　　　　＊2
　　　　　　　　　委任状　　　　　　　　　　　　　　　　　1通
```

＊1　定時株主総会の普通決議により資本金の額を減少したときに添付する（商業登記規則61条10項）。

＊2　異議を述べた債権者に弁済等をしたときは、「異議を述べた債権者に対して弁済（担保提供、信託）をしたことを証する書面　1通」と置き換えよう。

先例

　登記記録から、減少する資本金の額が、効力発生日における資本金の額を超えないことを確認することができるため、資本金の額の減少による変更登記の申請書には、資本金の額が会社法及び会社計算規則の規定に従って計上されたことを証する書面の添付を要しない（先例平18.3.31-782、商業登記規則61条９項参照）。

準備金の資本組入れ

株式会社が準備金の資本組入れをしたときの申請書。

【完了後の登記記録例】

資本金の額	金5000万円	
	金6000万円	令和何年何月何日変更
		令和何年何月何日登記

【申請書】

```
登記の事由        準備金の資本組入れ
登記すべき事項      令和何年何月何日次のとおり変更
              資本金の額      金6000万円
課税標準金額       金1000万円
登録免許税        金7万円（ニ）    ＊1
添付書面         株主総会議事録               1通    ＊2
              株主リスト                 1通
              減少に係る準備金の額が計上されていた
              ことを証する書面             1通
              委任状                   1通
```

＊1　登録免許税は、申請1件につき、増加した資本金の額の7/1000である。また、これに
　　よって計算した額が3万円に満たないときは、3万円となる（ニ）。

＊2　取締役会の決議または取締役の決定で、準備金の額を減少したときは、添付書面を次
　　のとおり置き換えよう（商業登記法46条1項・2項、69条、商業登記規則61条9項）。

取締役会議事録（取締役の過半数の一致を証する書面）	1通
会社法448条3項に規定する場合に該当することを証する書面	1通
減少に係る準備金の額が計上されていたことを証する書面	1通
委任状	1通

No.**3** 剰余金の資本組入れ

株式会社が剰余金の資本組入れをしたときの申請書。

【完了後の登記記録例】

資本金の額	金5000万円	
	金6000万円	令和何年何月何日変更
		令和何年何月何日登記

【申請書】

```
登記の事由      剰余金の資本組入れ
登記すべき事項    令和何年何月何日次のとおり変更
             資本金の額    金6000万円
課税標準金額     金1000万円
登録免許税      金7万円（ニ）   ＊1
添付書面       株主総会議事録          1通   ＊2
             株主リスト           1通
             減少に係る剰余金の額が計上されていた
             ことを証する書面        1通   ＊3
             委任状             1通
```

＊1 登録免許税は、**No.2**の準備金の資本組入れと同じである。

＊2 剰余金の資本組入れは、株主総会の普通決議によってすることができる（会社法450条1項・2項、309条1項）。

＊3 減少に係る剰余金の額の計上証明書を添付する（商業登記法69条）。なお、この書面により資本金の額の計上の内容を確認できることから、別途、資本金の額が会社法及び会社計算規則の規定に従って計上されたことを証する書面の添付を要しない（先例平18.3.31-782）。

→資本金の額の計上証明書を要しないことは、**No.2**の準備金の資本組入れの場合も同じ。

第8章 解散に関する登記

No.1 解散、清算人の登記

　株主総会で解散の決議をし、同総会で、清算人山本一郎を選任したときの解散の登記及び清算人の登記の申請書。なお、同一の申請書で申請するものとする。

【完了後の登記記録例】

役員に関する事項	取締役	山　本　一　郎	
	取締役	甲　野　太　郎	
	何市何町何丁目何番何号 代表取締役　　　　山　本　一　郎		
	清算人　　　　　　山　本　一　郎		
			令和何年何月何日登記
	何市何町何丁目何番何号 代表清算人　　　　山　本　一　郎		
			令和何年何月何日登記

解　　散	令和何年何月何日株主総会の決議により解散
	令和何年何月何日登記

🐕 One Point◆ 解散登記と職権抹消

　解散の登記をすると、登記官が、解散後に生き残ることができない機関に関する登記を、職権で抹消します（商業登記規則72条1項）。会社が解散して、清算株式会社となったときに、従前の機関、役員のうち、生き残ることができるのは監査役と監査役会のみです。それ以外の機関は、すべて登記官の手によるお掃除の対象となります。

【申請書】

登記の事由	解散
	令和何年何月何日清算人及び代表清算人の選任　　　＊1
登記すべき事項	令和何年何月何日株主総会の決議により解散
	清算人　　　　山本一郎
	何市何町何丁目何番何号
	代表清算人　　山本一郎
登録免許税	金3万9000円　　＊2
添付書面	定款　　　　　　　1通　　＊3
	株主総会議事録　　1通　　＊4
	株主リスト　　　　1通
	就任承諾書　　　　1通
	委任状　　　　　　1通

＊1　解散後最初の清算人の就任の登記においては、その就任年月日は登記されない（先例昭41.8.24-2441、完了後の登記記録例参照）。このため、就任年月日は、登記すべき事項ではなく、登記の事由に記載する。

＊2　登録免許税は、解散分で金3万円（レ）、清算人の就任分で金9000円（三）（イ）である。

＊3　清算人の登記の申請書には、定款の添付を要する（商業登記法73条1項）。

＊4　解散を証する書面、清算人の選任を証する書面として添付する（商業登記法46条2項）。

解散の登記と最初の清算人の登記を同時に申請した場合の添付書面を整理しておこう。

解散の登記

解散事由に応じて、以下の書面を添付しよう。

1　定款に定めた解散事由の発生により解散した場合

【完了後の登記記録例】

解　散	令和何年何月何日定款所定の解散事由の発生により解散 　　　　　　　　　　　　　　　　　　　　令和何年何月何日登記

解散を証する書面は、解散事由の発生を証する書面である（商業登記法71条2項）。

2　株主総会の決議により解散した場合

解散を証する書面は、株主総会議事録である（商業登記法46条2項）。なお、完了後の登記記録例は、**No.1**を参照しよう。

3　存続期間の満了により解散した場合

【完了後の登記記録例】

解　散	令和何年何月何日存続期間の満了により解散 　　　　　　　　　　　　　　　　　　　　令和何年何月何日登記

存続期間の定めは登記事項であるから、解散を証する書面の添付は不要である。ついでにいうと、この場合の解散の日付は、存続期間満了日の翌日である。

🐕 One Point◆ 代表清算人の資格を証する書面

解散登記の申請書には、代表清算人の資格を証する書面を添付します（商業登記法71条3項）。ただし、通常は、解散の登記と清算人の登記を同時に申請することから、清算人の登記の添付書面をもって、代表清算人の資格を証する書面とすることができます。

最初の清算人の登記

清算人に関する書面

　清算人に関する添付書面は、以下のとおりである（商業登記法46条2項、73条1項、2項、3項）。
1　取締役が法定清算人となる場合
　　定款
2　定款で定める者が清算人となる場合
　　定款、清算人の就任承諾書
3　株主総会の決議によって選任された者が清算人となる場合
　　定款、株主総会議事録、株主リスト、清算人の就任承諾書
4　裁判所が選任した者が清算人となる場合
　　定款、裁判所の選任決定書

代表清算人に関する書面

　代表清算人に関する添付書面は、次のとおりである。
1　代表取締役が法定代表清算人となる場合
　　添付書面は不要
2　清算人会を置かない会社（清算人の中から代表清算人を定めた場合）
　①　定款で代表清算人を定めた場合
　　　定款
　②　株主総会の決議で代表清算人を定めた場合
　　　株主総会議事録、株主リスト
　③　定款の定めに基づく互選によって代表清算人を定めた場合
　　　定款、互選を証する書面、就任承諾書
3　清算人会設置会社
　　清算人会議事録、就任承諾書
4　裁判所が選任した者が代表清算人となる場合
　　その選任に係る代表清算人に関する登記事項（氏名及び住所）を証する書面

株式会社が清算結了したときの申請書。

【完了後の登記記録例】

登記記録に関する事項	令和何年何月何日清算結了
	令和何年何月何日登記 令和何年何月何日閉鎖

【申請書】

```
登記の事由      清算結了
登記すべき事項   令和何年何月何日清算結了
登録免許税      金2000円（ハ）     ＊1
添付書面       株主総会議事録     1通    ＊2
            株主リスト       1通
            委任状         1通
```

＊1　登録免許税は、申請件数1件につき金2000円である（三、ハ）

＊2　決算報告の承認があったことを証する書面（商業登記法75条）として、株主総会議事録及びこれに附属する決算報告書を添付する。

先例

　債権者異議手続に関する書面は添付書面とはならないが、清算人の就任の日から債権者異議手続に要する2か月の期間が経過した日以後でなければ、清算結了の登記を受理することはできない（先例昭33.3.18-572、会社法499条参照）。

No.**3** 継続の登記

解散の登記をした株式会社を継続するときの申請書。なお、継続後の会社は、取締役1名の会社であるものとする。

【完了後の登記記録例】

会社継続	令和何年何月何日会社継続
	令和何年何月何日登記

【申請書】

```
登記の事由      会社継続
             取締役及び代表取締役の変更
登記すべき事項   令和何年何月何日会社を継続
             同日次の者就任      ＊1
                取締役        A
             何市何町何丁目何番何号
                代表取締役      A
登録免許税      金6万円または4万円（ソ、カ）    ＊2
添付書面       株主総会議事録       1通    ＊3
             株主リスト         何通
             就任承諾書         1通
             印鑑証明書         1通
             委任状           1通
```

＊1　解散により、監査役を除く機関に関する登記は職権抹消されているため、継続後の機関設計に応じて、取締役会設置会社など、必要な事項を登記しよう。

＊2　継続の登記の登録免許税額は、申請件数1件につき金3万円である（ソ）。そのほか、役員変更の登記など、必要な登記に応じて登録免許税額を加算しよう。

＊3　株式会社は、株主総会の特別決議によって継続することができる（会社法473条、309条2項11号）。継続できる解散事由は、以下のとおりである。

　　1　存続期間の満了、解散事由の発生、株主総会の決議（時期は清算結了まで）
　　2　休眠会社のみなし解散（時期は、みなし解散のときから3年以内）

組織変更、組織再編の登記

No. 1-1　組織変更による設立の登記
（合同会社を設立する場合）

　オートマシステム株式会社が、オートマシステム合同会社に組織変更したときの設立登記の申請書。

【完了後の登記記録例】

会社法人等番号	１２３４－５６－７８９０１２
商　　号	オートマシステム合同会社
本　　店	東京都Ａ区Ｂ町一丁目１番１号
公告をする方法	官報に掲載してする
会社成立の年月日	令和何年何月何日
目　　的	１　インテリアショップの経営 ２　前号に附帯する一切の業務
資本金の額	金１０００万円
社員に関する事項	業務執行社員　　　ＡＢＣ株式会社
	業務執行社員　　　山　本　一　郎
	何市何町何丁目何番何号 代表社員　　　　　ＡＢＣ株式会社 何市何町何丁目何番何号 職務執行者　　　　山本花子
登記記録に関する事項	令和何年何月何日オートマシステム株式会社を組織変更し設立 　　　　　　　　　　　　　　　令和何年何月何日登記

 One Point ♦ 組織変更

　近年では、平成26年に株式会社から合同会社へ組織変更した事例が出題されています。合同会社はもちろん、合名会社や合資会社の登記事項はきちんと確認しておきましょう。

【申請書】

```
登記の事由       組織変更による設立
登記すべき事項
      商号   オートマシステム合同会社
      本店   東京都A区B町一丁目1番1号
      公告をする方法   官報に掲載してする
      会社成立の年月日   令和何年何月何日
      目的   1   インテリアショップの経営
             2   前号に附帯する一切の業務
      資本金の額   金1000万円
      社員に関する事項
         業務執行社員       ABC株式会社
         業務執行社員       山本一郎
         何市何町何丁目何番何号
         代表社員          ABC株式会社
         何市何町何丁目何番何号
         職務執行者       山本花子
      登記記録に関する事項
         令和何年何月何日オートマシステム株式会社を組織変更し設立
課税標準金額       金1000万円
登録免許税       金3万円（ホ）    ＊1
添付書面       定款                 1通
            組織変更計画書          1通
            総株主の同意書          1通
            株主リスト            1通    ＊2
            公告及び催告をしたことを証する書面  2通
            異議を述べた債権者はいない
            ABC株式会社の登記事項証明書    添付省略  ＊3
            （会社法人等番号   1234-56-789000）
            ABC株式会社の取締役会議事録    1通
            職務執行者の就任承諾書        1通
            登録免許税法施行規則第12条第4項の
            規定に関する証明書          1通
            委任状                1通
```

＊1　組織変更後の持分会社が合同会社であるときの登録免許税の区分は「ホ」である。また、組織変更後の持分会社が合名会社、合資会社であるときは、申請件数1件につき金6万円である（ロ）。

> （※）　組織変更、組織再編の登録免許税について
>   　　　組織変更、組織再編の登録免許税は、少々複雑となっています。そのため、本書では、見やすさを重視して、組織再編の登録免許税に関しては、原則として区分のみを示してあります。その詳細は、付録の「登録免許税一覧表」で確認してください。

＊2　組織変更後の持分会社の代表者が作成した株主リストを添付する。

＊3　法人が代表社員となるときは、次の書面を添付する（商業登記法77条6号）。
　　1　登記事項証明書（組織変更する会社と代表社員となる法人の管轄登記所が同一であるときは、添付を省略することができる）
　　2　取締役会議事録等の職務執行者の選任に関する書面
　　3　職務執行者の就任承諾書

　　また、登記事項証明書の添付を要する場合でも、申請書にその法人の会社法人等番号を記載することにより、登記事項証明書の添付を省略することができる（商業登記法19条の3）。この場合は、前記記載例のとおり記載しよう。

 One Point♦ 資本金の額の計上に関する証明書

　持分会社のうち合同会社では資本金の額が登記事項となりますが、登記記録から、組織変更直前の株式会社の資本金の額を確認することができるため、「資本金の額が会社法及び会社計算規則の規定に従って計上されたことを証する書面」の添付を要しません（先例平18.3.31-782）。

参考 合名会社、合資会社の場合

　参考として、組織変更後の持分会社が合名会社、合資会社の場合の申請書のうち、登記すべき事項の記載例を示しておきます。

1　合名会社（各自代表の場合）

```
登記すべき事項                      ＊1
    商号　オートマシステム合名会社
    本店　東京都A区B町一丁目1番1号
    公告をする方法　官報に掲載してする
    目的　1　インテリアショップの経営
         2　前号に附帯する一切の業務
    社員に関する事項                  ＊2
     何市何町何丁目何番何号
       社員　山本一郎
     何市何町何丁目何番何号
       社員　ABC株式会社
       何市何町何丁目何番何号
       職務執行者　山本花子
    登記記録に関する事項
     令和何年何月何日オートマシステム株式会社を組織変更し設立
```

＊1　合名会社の場合、資本金の額が登記事項とならない。

＊2　社員の氏名または名称及び住所が登記事項となる（会社法912条5号）。また、本事例のように各自代表の場合、代表社員は登記事項とならない（会社法912条6号参照）。

2 合資会社（社員の中から代表社員を定めた場合）

登記すべき事項　　　　　　　　　　＊1

　　商号　オートマシステム合資会社

　　本店　東京都A区B町一丁目1番1号

　　公告をする方法　官報に掲載してする

　　目的　1　インテリアショップの経営

　　　　　2　前号に附帯する一切の業務

　　社員に関する事項

　　　何市何町何丁目何番何号　　　　　＊2

　　　　無限責任社員　ABC株式会社

　　　何市何町何丁目何番何号

　　　　有限責任社員　山本一郎

　　　　金何万円　全部履行　　　　　　＊3

　　　代表社員　ABC株式会社　　　　＊4

　　　　何市何町何丁目何番何号

　　　　職務執行者　山本花子

　　登記記録に関する事項

　　　令和何年何月何日オートマシステム株式会社を組織変更し設立

＊1　合名会社同様、合資会社も資本金の額が登記事項とならない。

＊2　合資会社の場合、社員の氏名または名称及び住所のほか、その社員が有限責任社員または無限責任社員のいずれであるかということも登記事項となる（会社法913条5号・6号）。

＊3　有限責任社員については、有限責任社員の出資の目的及びその価額並びに既に履行した出資の価額が登記事項となる（会社法913条7号）。

＊4　合資会社を代表しない社員がいる場合のみ、代表社員の氏名または名称が登記事項となる（会社法913条8号）。また、代表社員が法人であるときは、職務執行者の氏名及び住所が登記事項となる（会社法913条9号）。なお、この点は、合名会社も同様である（会社法912条6号・7号）。

登記記録例（社員に関する事項のみ）

1　合名会社

社員に関する事項	何市何町何丁目何番何号 社員　　　　　山　本　一　郎
	何市何町何丁目何番何号 社員　　　　　ＡＢＣ株式会社 何市何町何丁目何番何号 職務執行者　　山　本　花　子

2　合資会社

社員に関する事項	何市何町何丁目何番何号 無限責任社員　ＡＢＣ株式会社
	何市何町何丁目何番何号 有限責任社員　山　本　一　郎 金何万円　　　全部履行
	代表社員　　　ＡＢＣ株式会社 何市何町何丁目何番何号 職務執行者　　山　本　花　子

組織変更による解散の登記
（株式会社を解散する場合）

> オートマシステム株式会社が、オートマシステム合同会社に組織変更した
> ときの解散登記の申請書。

【完了後の登記記録例　抜粋】

登記記録に関する事項	令和何年何月何日東京都A区B町一丁目1番1号オートマシステム合同会社に組織変更し解散
	令和何年何月何日登記
	令和何年何月何日閉鎖

One Point ◆ 解散登記の申請人

株式会社の解散登記の申請人は、組織変更後の持分会社の代表者です。

【申請書】

> 登記の事由　　　組織変更による解散
> 登記すべき事項
> 　令和何年何月何日東京都A区B町一丁目1番1号オートマシステム
> 　合同会社に組織変更し解散
> 登記免許税　　　金3万円（レ）　　＊1、＊2
>
> 上記のとおり登記の申請をします。
> 　令和何年何月何日
> 　　　　　　　　　　　　　　東京都A区B町一丁目1番1号
> 　　　　　　　　　　　　　　申請人　オートマシステム合同会社
> 　　　　　　　　　　　　　　何市何町何丁目何番何号
> 　　　　　　　　　　　　　　代表社員　ABC株式会社
> 　　　　　　　　　　　　　　何市何町何丁目何番何号
> 　　　　　　　　　　　　　　職務執行者　山本花子
> 　　　　　　　　　　　　　　何市何町何丁目何番何号
> 　　　　　　　　　　　　　　上記代理人　司法書士　法務律子　㊞
> 　　　　　　　　　　　　　　連絡先の電話番号
> 　　　　　　　　　　　　　　12－3456－7890
> 　東京法務局　御中

＊1　登記免許税は、レの区分で金3万円である。
＊2　組織変更による解散登記の申請書には、委任状を含め添付書面は一切不要である（商業登記法78条2項）。

組織変更による設立の登記
(株式会社を設立する場合)

オートマシステム合同会社が、オートマシステム株式会社に組織変更した
ときの設立登記の申請書。

【完了後の登記記録例　抜粋】

登記記録に関する事項	令和何年何月何日オートマシステム合同会社を組織変更し設立 令和何年何月何日登記

【申請書】

```
登記の事由　　　組織変更による設立
登記すべき事項
　　　商号　オートマシステム株式会社
　　　本店　東京都A区B町一丁目1番1号
　　　公告をする方法　官報に掲載してする
　　　会社成立の年月日　令和何年何月何日
　　　目的　1　インテリアショップの経営
　　　　　　2　前号に附帯する一切の業務
　　　発行可能株式総数　4000株
　　　発行済株式の総数　1000株
　　　資本金の額　金1000万円
　　　株式の譲渡制限に関する規定
　　　　当会社の株式を譲渡により取得するには、当会社の承認を要
　　　　する
　　　役員に関する事項
　　　　取締役　山本一郎
　　　　取締役　甲野太郎
　　　　取締役　乙野次郎
　　　　何市何町何丁目何番何号
　　　　代表取締役　山本一郎
　　　　監査役　丙野三郎
　　　取締役会設置会社
　　　監査役設置会社
```

```
      登記記録に関する事項
        令和何年何月何日オートマシステム合同会社を組織変更し設立
  課税標準金額     金1000万円
  登録免許税      金３万円（ホ）    ＊１
  添付書面       定款              １通   ＊２
             組織変更計画書         １通
             総社員の同意書         １通
             公告及び催告をしたことを証する書面  ２通
             異議を述べた債権者はいない
             就任承諾書           何通   ＊３
             本人確認証明書         何通
             登録免許税法施行規則第１２条第４項の
             規定に関する証明書       １通
             委任状             １通
```

＊１　登録免許税の区分は「ホ」である。その詳細は、付録の「登録免許税一覧表」を参照しよう（ホ）。

＊２　定款には、公証人の認証を要しない。また、組織変更計画書において、定款に定める事項として、代表取締役の氏名が記載してあり、当該組織変更計画書につき、総社員の同意を得たときは、代表取締役の選定に関する書面の添付を要しない。

＊３　組織変更による株式会社の設立登記の申請書には、設立時取締役または設立時代表取締役の就任承諾書の印鑑証明書の添付を要しない（商業登記規則61条４項カッコ書参照）。

One Point ◆ 資本金の額の計上に関する証明書

　合名会社または合資会社が株式会社に組織変更したときは、「資本金の額が会社法及び会社計算規則の規定に従って計上されたことを証する書面」の添付を要します（商業登記規則61条９項）。一方、合同会社が株式会社に組織変更したときは、登記記録から組織変更直前の合同会社の資本金の額を確認することができるため、同書面の添付を要しません（先例平18.3.31-782）。

組織変更による解散の登記
（合同会社を解散する場合）

　オートマシステム合同会社が、オートマシステム株式会社に組織変更したときの解散登記の申請書。

【完了後の登記記録例　抜粋】

登記記録に関する事項	令和何年何月何日東京都A区B町一丁目1番1号オートマシステム株式会社に組織変更し解散
	令和何年何月何日登記 令和何年何月何日閉鎖

One Point ◆ 解散登記の申請人

　持分会社の解散登記の申請人は、組織変更後の株式会社の代表者です。

【申請書】

> 登記の事由　　　　組織変更による解散　　＊
>
> 登記すべき事項
>
> 　令和何年何月何日東京都A区B町一丁目1番1号オートマシステム
>
> 株式会社に組織変更し解散
>
> 登録免許税　　　　金3万円（レ）
>
>
> 上記のとおり登記の申請をします。
>
> 　令和何年何月何日
>
> 　　　　　　　　　　　　　　　東京都A区B町一丁目1番1号
>
> 　　　　　　　　　　　　　　　申請人　オートマシステム株式会社
>
> 　　　　　　　　　　　　　　　何市何町何丁目何番何号
>
> 　　　　　　　　　　　　　　　代表取締役　山本一郎
>
> 　　　　　　　　　　　　　　　何市何町何丁目何番何号
>
> 　　　　　　　　　　　　　　　上記代理人　司法書士　法務律子　㊞
>
> 　　　　　　　　　　　　　　　連絡先の電話番号
>
> 　　　　　　　　　　　　　　　　１２－３４５６－７８９０
>
> 　東京法務局　御中

＊　組織変更による解散登記の申請書には、委任状を含め添付書面は一切不要である（商業
登記法107条2項、114条、123条）。

No.**1-1** 吸収合併による変更の登記

オートマシステム株式会社が、株券発行会社でない山本商事株式会社を合併したときの吸収合併存続会社における吸収合併による変更登記の申請書。

【存続会社の完了後の登記記録例】

発行済株式の総数並びに種類及び数	発行済株式の総数　　　５０００株	
	発行済株式の総数　　　６０００株	令和何年何月何日変更
		令和何年何月何日登記
資本金の額	金1億円	
	金1億5000万円	令和何年何月何日変更
		令和何年何月何日登記
吸収合併	令和何年何月何日東京都C区D町三丁目4番5号山本商事株式会社を合併	
		令和何年何月何日登記

One Point◆ 吸収合併

吸収合併による変更の登記においては、合併をした旨及びその年月日が必ず登記事項となりますが、発行済株式の総数や資本金の額は、登記事項とならないこともあります。事案に応じて変形させましょう。

また、添付書面は、存続会社の手続に関する書面、消滅会社の手続に関する書面という具合で整理するとわかりやすいです。後述の参考を参照しましょう。

【申請書】

登記の事由	吸収合併による変更
登記すべき事項	令和何年何月何日東京都C区D町三丁目4番5号山本商事株式会社を合併
	同日次のとおり変更
	発行済株式の総数　　　　　6000株
	資本金の額　　　　　　　金1億5000万円
課税標準金額	金5000万円。ただし、内金何万円は消滅会社の合併直前の資本金の額として財務省令で定めるものを超過する部分である。
登録免許税	金何万円（ヘ）　　＊1
添付書面	吸収合併契約書　　　　　　　　　1通　　＊2
	株主総会議事録　　　　　　　　　1通
	株主リスト　　　　　　　　　　　1通
	公告をしたことを証する書面　　　2通
	異議を述べた債権者はいない
	吸収合併消滅会社の登記事項証明書　　添付省略
	（会社法人等番号　1234-56-789011）
	吸収合併消滅会社の株主総会議事録　1通
	吸収合併消滅会社の株主リスト　　1通　　＊3
	吸収合併消滅会社で公告及び催告をしたことを証する書面　　　　　　　2通
	異議を述べた債権者はいない
	資本金の額の計上に関する証明書　1通
	登録免許税法施行規則第12条第5項の規定に関する証明書　　　　　　　　　　1通
	委任状　　　　　　　　　　　　　1通

＊1　登録免許税の区分は、「ヘ」である。その詳細は、付録を参照しよう。なお、増資を伴わない場合の登録免許税は、金3万円である（ツ）。また、合併と同時に商号変更や役員変更などをしたときは、それぞれの区分に応じて登録免許税額を加算する。

＊2　添付書面の詳細は、後述の 参考 「吸収合併の登記の添付書面一覧」を参照のコト。

＊3　消滅会社の株主リストは、存続会社の代表者が作成する。

吸収合併による解散の登記

オートマシステム株式会社が、山本商事株式会社を合併したときの吸収合併消滅会社における吸収合併による解散登記の申請書。

【消滅会社の完了後の登記記録例　抜粋】

登記記録に関する事項	令和何年何月何日東京都A区B町一丁目1番1号オートマシステム株式会社に合併し解散
	令和何年何月何日登記 令和何年何月何日閉鎖

【申請書】

登記の事由　　　　吸収合併による解散　　　*
登記すべき事項　　令和何年何月何日東京都A区B町一丁目1番1号オートマシステム株式会社に合併し解散
登録免許税　　　　金3万円（レ）

*　解散登記の申請書には、委任状を含め添付書面は一切不要である（商業登記法82条4項）。また、消滅会社の合併による解散の登記は、存続会社の代表者が、消滅会社を代表して申請する（商業登記法82条1項）。

参考 吸収合併の登記の添付書面一覧

　存続会社が吸収合併による変更登記を申請するときに添付する書面は、次のとおりである（商業登記法80条、46条等）。問題文の事案に応じて、必要な書面を添付しよう。

1　吸収合併契約書

　　→効力発生日を変更したときは、存続会社の取締役会議事録（取締役の過半数の一致を証する書面）及び効力発生日の変更に係る当事会社の契約書の添付を要する（先例平18.3.31-782）。

2　存続会社の手続に係る以下の書面

　　① 合併契約の承認に係る株主総会（種類株主総会）議事録及び株主リスト

　　② 略式、簡易合併をしたときは、その要件を満たすことを証する書面、取締役会議事録または取締役の過半数の一致を証する書面

　　　　→簡易合併に反対する旨を通知した株主がある場合にあっては、株主総会の決議による承認を受けなければならない場合に該当しないことを証する書面も添付する。

　　③ 債権者異議手続に係る書面

3　消滅会社の手続に係る以下の書面

　　① 消滅会社の登記事項証明書（作成後3か月以内）

　　　　→存続会社と消滅会社の管轄登記所が相違する場合に添付する。また、会社法人等番号の記載により添付を省略することもできる（商業登記法19条の3）。この場合、**No.1-1**の申請書のような具合で会社法人等番号を記載する。

　　② 合併契約の承認機関に応じて、株主総会（種類株主総会）議事録、株主（種類株主）全員の同意書、株主リスト

　　③ 略式合併をしたときは、その要件を満たすことを証する書面及び取締役会議事録等

　　④ 債権者異議手続に係る書面

　　⑤ 消滅会社が株券発行会社であるときは、株券提出公告をしたことを証する書面または株式の全部について株券を発行していないことを証する書面

　　⑥ 消滅会社が新株予約権を発行しているときは、新株予約権提出公告をしたことを証する書面または新株予約権証券を発行していないことを証する書面

4　資本金の額の計上に関する証明書

5　登録免許税法施行規則第12条第5項の規定に関する証明書

6　合併につき主務官庁の認可が効力要件となるときは、主務官庁の認可書またはその認証のある謄本（商業登記法19条）

7　代理人によって申請する場合の委任状

No.2-1 新設合併による設立の登記

新設合併による株式会社の設立の登記の申請書。なお、消滅会社は株券発行会社ではないものとする。

【設立会社の完了後の登記記録例　抜粋】

登記記録に関する事項	東京都何区何町一丁目２番３号Ａ株式会社及び東京都何区何町三丁目４番５号株式会社Ｂの合併により設立 令和何年何月何日登記

【申請書】

```
登記の事由        令和何年何月何日新設合併の手続終了
登記すべき事項
       商号　株式会社ＡＢＣ
       本店　東京都何区何町一丁目１番１号
       公告をする方法　官報に掲載してする
       目的　１　インテリアショップの経営
            ２　前号に附帯する一切の業務
       発行可能株式総数　4000株
       発行済株式の総数　1000株
       資本金の額　金1000万円
       株式の譲渡制限に関する規定
         当会社の株式を譲渡により取得するには、当会社の承認を要
         する
       役員に関する事項
         取締役　山本一郎
         取締役　甲野太郎
         取締役　乙野次郎
         何市何町何丁目何番何号
         代表取締役　山本一郎
         監査役　丙野三郎
       取締役会設置会社
```

監査役設置会社

登記記録に関する事項

東京都何区何町一丁目２番３号Ａ株式会社及び東京都何区何

町三丁目４番５号株式会社Ｂの合併により設立

課税標準金額	金何万円		
登録免許税	金何万円（ホ）		＊１
添付書面	新設合併契約書	１通	＊２
	定款	１通	
	設立時取締役が設立時代表取締役を選定したことを証する書面	１通	
	設立時取締役、設立時代表取締役及び設立時監査役の就任承諾書	何通	＊３
	本人確認証明書	何通	
	新設合併消滅会社の登記事項証明書	２通	
	新設合併消滅会社の株主総会議事録	２通	
	新設合併消滅会社の株主リスト	何通	＊４
	公告及び催告をしたことを証する書面	４通	
	異議を述べた債権者はいない		
	資本金の額の計上に関する証明書	１通	
	登録免許税法施行規則第12条第３項の規定に関する証明書	１通	
	委任状	１通	

＊１　登録免許税の区分は「ホ」である。その詳細は、付録を参照しよう。

＊２　添付書面の詳細は、後述の**参考**を参照のコト。

＊３　新設合併による株式会社の設立登記の申請書には、設立時取締役または設立時代表取締役の就任承諾書に係る印鑑証明書の添付を要しない（商業登記規則61条４項カッコ書参照）。

＊４　消滅会社の株主リストは、設立会社の代表者が作成する。

新設合併による解散の登記の申請書。

【消滅会社の完了後の登記記録例　抜粋】

登記記録に関する事項	令和何年何月何日東京都何区何町三丁目4番5号株式会社Bと合併して東京都何区何町一丁目1番1号株式会社ABCを設立し解散 　　　　　　　　　　　　　　　令和何年何月何日登記 　　　　　　　　　　　　　　　令和何年何月何日閉鎖

【申請書】

```
登記の事由      新設合併による解散      ＊
登記すべき事項   東京都何区何町三丁目4番5号株式会社Bと合併し
              て東京都何区何町一丁目1番1号株式会社ABCを
              設立し解散
登録免許税      金3万円（レ）
```

＊　解散登記の申請書には、委任状を含め添付書面は一切不要である（商業登記法82条4項）。また、解散登記は、設立会社を代表すべき者が、消滅会社を代表して申請する（商業登記法82条1項)。

参考 新設合併の登記の添付書面一覧

設立会社が新設合併による設立登記を申請するときに添付する書面は、次のとおりである（商業登記法81条、46条等）。問題文の事案に応じて、必要な書面を添付しよう。

1 **新設合併契約書**
2 **設立会社に係る以下の書面**
　① 定款
　　→公証人の認証を要しない
　② 株主名簿管理人を置いたときは、その者との契約を証する書面
　③ 設立時の機関に応じて、設立時の役員等の選任または選定に関する書面、就任承諾書や本人確認証明書等
　　→詳細は、第1編第3章の設立登記の添付書面を参考にしよう。
　　→設立時取締役等の就任承諾書に係る印鑑証明書の添付を要しないことに注意を要する（商業登記規則61条4項カッコ書）。
3 **消滅会社の手続に係る以下の書面**
　① 消滅会社の登記事項証明書（作成後3か月以内）
　　→存続会社と消滅会社の管轄登記所が相違する場合に添付する。また、会社法人等番号の記載により添付を省略することもできる（商業登記法19条の3）。
　② 合併契約の承認機関に応じて、株主総会（種類株主総会）議事録、株主全員の同意書、株主リスト
　③ 債権者異議手続に係る書面
　④ 消滅会社が株券発行会社であるときは、株券提出公告をしたことを証する書面または株式の全部について株券を発行していないことを証する書面
　⑤ 消滅会社が新株予約権を発行しているときは、新株予約権提出公告をしたことを証する書面または新株予約権証券を発行していないことを証する書面
4 **資本金の額の計上に関する証明書**
5 **登録免許税法施行規則第12条第3項の規定に関する証明書**
6 **合併につき主務官庁の認可が効力要件となるときは、主務官庁の認可書またはその認証のある謄本（商業登記法19条）**
7 **代理人によって申請する場合の委任状**

No.**1-1** 吸収分割による変更の登記
（承継会社）

> 吸収分割承継株式会社の変更登記の申請書。

【承継会社の完了後の登記記録例】

発行済株式の総数並びに種類及び数	発行済株式の総数　5000株	
	発行済株式の総数　6000株	令和何年何月何日変更
		令和何年何月何日登記
資本金の額	金1億4000万円	
	金1億5000万円	令和何年何月何日変更
		令和何年何月何日登記

会社分割	令和何年何月何日東京都B区C町三丁目4番5号山本商事株式会社から分割
	令和何年何月何日登記

 One Point◆ 吸収分割

　会社法の手続を思い出しながら、申請書を書いてみましょう。債権者異議手続の要否など、吸収合併との違いも重要です。また、添付書面は、申請書の記載例のように、承継会社の手続に関する書面、分割会社の手続に関する書面という具合に整理しながら書いていくとよいでしょう（商業登記法85条、後述の**参考**）。

【申請書】

登記の事由	吸収分割による変更	
登記すべき事項	令和何年何月何日東京都Ｂ区Ｃ町三丁目４番５号山本商事株式会社から分割	
	同日次のとおり変更　＊1	
	発行済株式の総数　6000株	
	資本金の額　　　　金１億5000万円	
課税標準金額	金1000万円	
登録免許税	金７万円（チ）　＊2	
添付書面	吸収分割契約書	1通
	株主総会議事録	1通
	株主リスト	1通
	公告及び催告をしたことを証する書面	2通
	異議を述べた債権者はいない	
	吸収分割会社の登記事項証明書	1通
	吸収分割会社の株主総会議事録	1通
	吸収分割会社の株主リスト	1通　＊3
	吸収分割会社で公告及び催告をしたことを証する書面	2通
	異議を述べた債権者はいない	
	資本金の額の計上に関する証明書	1通
	委任状	1通

＊1　合併同様、分割をした旨及びその年月日は必ず登記事項となるが、発行済株式の総数や資本金の額などは、常に登記事項になるとは限らない。事案に応じて変形させよう。

＊2　登録免許税は、増加した資本金の額の1000分の７、これによって計算した額が３万円に満たないときは金３万円となる（チ）。また、資本金の額が増加しないときの登録免許税は、金３万円である（ツ）。

＊3　分割会社の株主リストは、分割会社の代表者が作成する。

吸収分割による変更の登記
（分割会社）

吸収分割株式会社の変更の登記の申請書。

【分割会社の完了後の登記記録例】

会社分割	令和何年何月何日東京都A区B町一丁目1番1号オートマシステム株式会社に分割
	令和何年何月何日登記

【申請書】

登記の事由	吸収分割による変更
登記すべき事項	令和何年何月何日東京都A区B町一丁目1番1号 オートマシステム株式会社に分割
登録免許税	金3万円（ツ）　＊1
添付書面	委任状　　　　1通　　＊2

＊1　登録免許税は、「ツ」の区分で金3万円である。

＊2　分割会社の変更登記の申請書には、代理人によって申請するときの委任状以外の書面
の添付を要しない（商業登記法87条3項）。

参考 吸収分割の登記の添付書面一覧

　承継会社が吸収分割による変更登記を申請するときに添付する書面は、次のとおりである（商業登記法85条、46条等）。問題文の事案に応じて、必要な書面を添付しよう。

1　**吸収分割契約書**
　　→効力発生日を変更したときは、承継会社の取締役会議事録（取締役の過半数の一致を証する書面）及び効力発生日の変更に係る当事会社の契約書の添付を要する（先例平18.3.31-782）。
2　**承継会社の手続に係る以下の書面**
　　①　分割契約の承認に係る株主総会（種類株主総会）議事録及び株主リスト
　　②　略式、簡易分割をしたときは、その要件を満たすことを証する書面、取締役会議事録または取締役の過半数の一致を証する書面
　　　　→簡易分割に反対する旨を通知した株主がある場合にあっては、株主総会の決議による承認を受けなければならない場合に該当しないことを証する書面も添付する。
　　③　債権者異議手続に係る書面
3　**分割会社の手続に係る以下の書面**
　　①　分割会社の登記事項証明書（作成後3か月以内）
　　　　→添付すべき場合や省略できる場合など、合併に同じである。
　　②　分割契約の承認機関に応じて、株主総会（種類株主総会）議事録、株主リスト
　　　　→種類株主総会議事録は、会社法322条1項8号、9号の場合に添付する。
　　③　略式・簡易分割をしたときは、その要件を満たすことを証する書面及び取締役会議事録等
　　④　債権者異議手続をしたときは、これに係る書面
　　⑤　分割会社が新株予約権を発行している場合であって吸収分割契約新株予約権があるときは、新株予約権提出公告をしたことを証する書面または新株予約権証券を発行していないことを証する書面
4　**資本金の額の計上に関する証明書**
5　**会社分割につき主務官庁の認可が効力要件となるときは、主務官庁の認可書またはその認証のある謄本（商業登記法19条）**
6　**代理人によって申請する場合の委任状**

新設分割による設立の登記
（設立会社）

新設分割による設立の登記の申請書。

【設立会社の完了後の登記記録例　抜粋】

登記記録に関する事項	東京都Ｂ区Ｃ町三丁目４番５号山本商事株式会社から分割により設立
	令和何年何月何日登記

【申請書】

```
登記の事由　　　　令和何年何月何日新設分割の手続終了
登記すべき事項
　　　　商号　オートマシステム株式会社
　　　　本店　東京都A区B町一丁目1番1号
　　　　公告をする方法　官報に掲載してする
　　　　目的　1　インテリアショップの経営
　　　　　　　2　前号に附帯する一切の業務
　　　発行可能株式総数　4000株
　　　発行済株式の総数　1000株
　　　資本金の額　金1000万円
　　　株式の譲渡制限に関する規定
　　　　当会社の株式を譲渡により取得するには、当会社の承認を要する
　　　役員に関する事項
　　　　取締役　山本一郎
　　　　取締役　甲野太郎
　　　　取締役　乙野次郎
　　　　何市何町何丁目何番何号
　　　　代表取締役　山本一郎
　　　　監査役　丙野三郎
　　取締役会設置会社
　　監査役設置会社
　　登記記録に関する事項
　　　東京都B区C町三丁目4番5号山本商事株式会社から分割により
　　　設立
```

課税標準金額	金1000万円		
登録免許税	金7万円（ト）	＊1	
添付書面	新設分割計画書	1通	
	定款	1通	＊2
	設立時代表取締役の選定を証する書面	1通	
	設立時取締役、設立時代表取締役及び		
	設立時監査役の就任承諾書	何通	
	本人確認証明書	何通	
	印鑑証明書	1通	＊3
	新設分割会社の登記事項証明書	1通	
	公告及び催告をしたことを証する書面	2通	
	異議を述べた債権者はいない		
	新設分割会社の株主総会議事録	1通	
	新設分割会社の株主リスト	1通	＊4
	資本金の額の計上に関する証明書	1通	
	委任状	1通	

＊1　登録免許税は、設立会社の資本金の額の1000分の7である。これによって計算した額が3万円に満たないときは、金3万円である（ト）。

＊2　定款には、公証人の認証を要しない。

＊3　新設合併と異なり、設立時取締役または設立時代表取締役の就任承諾書に係る印鑑証明書の添付を要する（商業登記規則61条4項前段・5項、先例平20.1.25-307）。

＊4　分割会社の株主リストは、分割会社の代表者が作成する。

No.2-2 新設分割による変更の登記
（分割会社）

新設分割による変更の登記の申請書。

【分割会社の完了後の登記記録例】

会社分割	令和何年何月何日東京都A区B町一丁目1番1号オートマシステム株式会社に分割
	令和何年何月何日登記

【申請書】

```
登記の事由      新設分割による変更
登記すべき事項   東京都A区B町一丁目1番1号オートマシステム
             株式会社に分割
登録免許税      金3万円（ツ）    ＊1
添付書面       委任状            1通    ＊2
```

＊1　登録免許税は、「ツ」の区分で金3万円である。

＊2　分割会社の変更登記の申請書には、代理人によって申請するときの委任状以外の書面の添付を要しない（商業登記法87条3項）。

参考 新設分割の登記の添付書面一覧

　設立会社が新設分割による設立登記を申請するときに添付する書面は、次のとおりである（商業登記法86条、46条等）。問題文の事案に応じて、必要な書面を添付しよう。

1　**新設分割計画書**
2　**設立会社に係る以下の書面**
　① 定款
　　→公証人の認証を要しない
　② 株主名簿管理人を置いたときは、その者との契約を証する書面
　③ 設立時の機関に応じて、設立時の役員等の選任または選定に関する書面、就任承諾書や本人確認証明書、印鑑証明書等
　　→詳細は、第１編第３章の設立登記の添付書面を参考にしよう。
　　→新設合併と異なり設立時取締役等の就任承諾書に係る印鑑証明書の添付を要する（商業登記規則61条４項、５項）。
3　**分割会社の手続に係る以下の書面**
　① 分割会社の登記事項証明書（作成後３か月以内）
　　→添付すべき場合や省略できる場合など、合併に同じである。
　② 新設分割計画の承認機関に応じて、株主総会（種類株主総会）議事録、株主リスト
　　→種類株主総会議事録は、会社法322条１項10号に当てはまる場合に添付する。
　③ 簡易分割をしたときは、その要件を満たすことを証する書面及び取締役会議事録等
　④ 債権者異議手続をしたときは、これに係る書面
　⑤ 分割会社が新株予約権を発行している場合であって、新設分割計画新株予約権があるときは、新株予約権提出公告をしたことを証する書面または新株予約権証券を発行していないことを証する書面
4　**資本金の額の計上に関する証明書**
5　**会社分割につき主務官庁の認可が効力要件となるときは、主務官庁の認可書またはその認証のある謄本（商業登記法19条）**
6　**代理人によって申請する場合の委任状**

No.1-1 株式交換の登記
（親会社）

株式交換により、株式交換完全親会社の登記事項に変更が生じたときの株式交換完全親会社の変更登記の申請書。

【申請書】

登記の事由	株式交換
登記すべき事項	令和何年何月何日次のとおり変更　　　　　　　　*1
	発行済株式の総数　　　　　　6000株
	各種の株式の数　普通株式　4000株
	優先株式　2000株
	資本金の額　　金1億5000万円
	同日次のとおり発行
	新株予約権の名称　　　第1回新株予約権
	新株予約権の数　　　100個
	新株予約権の目的たる株式の種類及び数又はその算定方法
	普通株式　5000株
	募集新株予約権の払込金額若しくはその算定方法又は払込を要しないとする旨
	無償
	新株予約権の行使に際して出資される財産の価額又はその算定方法
	金100万円
	新株予約権を行使することができる期間
	令和何年何月何日まで
課税標準金額	金1000万円
登録免許税	金7万円（ニ）　　　　　*2
添付書面	株式交換契約書　　　　　　　　1通　　*3
	株主総会議事録　　　　　　　　1通
	株主リスト　　　　　　　　　　1通

公告および催告をしたことを証する書面	2通
異議を述べた債権者はいない	
株式交換完全子会社の登記事項証明書	1通
株式交換完全子会社の株主総会議事録	1通
株式交換完全子会社の株主リスト	1通
株式交換完全子会社で公告及び催告を	
したことを証する書面	2通
異議を述べた債権者はいない	
株券提出公告をしたことを証する書面	1通
新株予約権証券を発行していないこと	
を証する書面	1通
資本金の額の計上に関する証明書	1通
委任状	1通

* 1　登記すべき事項は、次のとおりである。
　　① 変更後の発行済株式総数、資本金の額と年月日
　　② 株式交換契約新株予約権があるときは、新株予約権の登記事項と年月日
* 2　登録免許税額は、増加した資本金の額の7/1000であり、これによって計算した額が
　　3万円に満たないときは、3万円である（ニ）。資本金の額が増加しないときは、金
　　3万円である（ツ）。
* 3　添付書面の詳細は、後述の参考で確認しよう。

One Point ◆ 株式交換の登記

　株式交換は株主構成が変わるだけなので、完全親会社、完全子会社の双方で登記事項が生じないことがあります。このため、合併や会社分割と相違して、株式交換をした旨（合併でいうところの「年月日東京都何区何番何号○○株式会社を合併」という事項）が登記されない点が、株式交換の登記の急所です。また、添付書面の詳細は、商業登記法89条を参照しましょう。

第2編　組織変更、組織再編の登記

株式交換による登記
（子会社）

　株式交換契約新株予約権があるときの株式交換完全子会社の変更登記の申請書。

【申請書】

登記の事由	株式交換
登記すべき事項	令和何年何月何日株式交換契約新株予約権消滅　　＊1
登録免許税	金3万円（ツ）　＊2
添付書面	委任状　　　　1通　　＊3

＊1　効力発生日に、株式交換契約新株予約権は消滅することとなる（会社法769条4項）。
　　このため、登記すべき事項として、上記のとおり記載する。なお、この場合、No.**1-1**
　　とNo.**1-2**の登記は同時に申請する（商業登記法91条2項）。

＊2　登記免許税は、「ツ」の区分で金3万円である。

＊3　完全子会社の変更登記の申請書には、代理人によって申請するときの委任状以外の書面の添付を要しない（商業登記法91条3項）。

One Point◆ 株式交換完全子会社の登記

　株式交換完全子会社においては、株式交換契約新株予約権があるときのみ、変更の登記を申請することとなります。本事例は、その場合の株式交換完全子会社の登記の申請書です。なお、株式交換契約新株予約権がないときは、株式交換完全子会社では、株主が株式交換完全親会社に変わるだけで登記事項に変更が生じないため、何も登記しません。

参考 株式交換の登記の添付書面一覧

株式交換による変更登記の添付書面は、次のとおりである（商業登記法89条、46条等）。問題文の事案に応じて、必要な書面を添付しよう。

1 **株式交換契約書**

→効力発生日を変更したときは、完全親会社の取締役会議事録（または取締役の過半数の一致を証する書面）および効力発生日の変更に係る当事会社の契約書を添付する（先例平18.3.31-782）。

2 **完全親会社の手続に係る以下の書面**

① 株式交換契約の承認に係る株主総会議事録等及び株主リスト

② 略式、簡易株式交換の場合は、その要件を満たすことを証する書面及び取締役会議事録等

→簡易株式交換に反対する旨を通知した株主がいるときは、株主総会の決議による承認を受けなければならない場合に該当しないことを証する書面も添付する。

③ 債権者異議手続に係る書面

→完全親会社で債権者異議手続を要する場合に添付する。

3 **完全子会社の手続に係る以下の書面**

① 完全子会社の登記事項証明書（作成後3か月以内）

→完全親会社と完全子会社の管轄登記所が相違する場合に添付する。また、会社法人等番号の記載により添付を省略することもできる（商業登記法19条の3）。

② 株式交換契約の承認機関に応じて株主総会議事録、株主全員の同意書等、株主リスト

③ 略式株式交換の場合は、その要件を満たすことを証する書面及び取締役会議事録等

④ 債権者異議手続に係る書面

→完全子会社で債権者異議手続を要する場合に添付する。

⑤ 株券提出公告をしたことを証する書面または株式の全部について株券を発行していないことを証する書面

→完全子会社が株券発行会社である場合に添付する。

⑥ 新株予約権証券提出公告をしたことを証する書面または新株予約権証券を発行していないことを証する書面

→株式交換契約新株予約権がある場合に添付する。

4 **資本金の額の計上に関する証明書**

5 **代理人によって申請する場合の委任状**

株式移転による設立の登記
（親会社）

株式移転計画新株予約権があるときの株式移転による設立の登記の申請書。なお、株式移転完全子会社は株券発行会社ではないものとし、債権者異議手続を要しない場合であるものとする。

【親会社の完了後の登記記録例　抜粋】

登記記録に関する事項	設立
	令和何年何月何日登記

【申請書】

```
登記の事由　　　　令和何年何月何日株式移転の手続終了
登記すべき事項
　　　商号　オートマシステム株式会社
　　　本店　東京都A区B町一丁目1番1号
　　　公告をする方法　官報に掲載してする
　　　目的　1　インテリアショップの経営
　　　　　　2　前号に附帯する一切の業務
　　　発行可能株式総数　4000株
　　　発行済株式の総数　1000株
　　　資本金の額　金1000万円
　　　株式の譲渡制限に関する規定
　　　　当会社の株式を譲渡により取得するには、当会社の承認を要する
　　　役員に関する事項
　　　　取締役　山本一郎
　　　　取締役　甲野太郎
　　　　取締役　乙野次郎
　　　　何市何町何丁目何番何号
　　　　代表取締役　山本一郎
　　　　監査役　丙野三郎
　　　新株予約権に関する事項　　＊1
　　　　新株予約権の名称　第1回新株予約権
　　　　新株予約権の数　　100個
　　　　新株予約権の目的たる株式の種類及び数又はその算定方法
　　　　　普通株式　5000株
```

募集新株予約権の払込金額若しくはその算定方法又は払込みを要
しないとする旨
　　無償
新株予約権の行使に際して出資される財産の価額又はその算定方法
　　１個あたり金100万円
新株予約権を行使することができる期間
　　令和何年何月何日まで
　　取締役会設置会社
　　監査役設置会社
　　登記記録に関する事項　　　設立

課税標準金額	金1000万円		
登録免許税	金15万円（イ）		＊2
添付書面	株式移転計画書	1通	＊3
	定款	1通	
	設立時取締役が設立時代表取締役を		
	選定したことを証する書面	1通	
	就任承諾書	何通	
	本人確認証明書	何通	
	印鑑証明書	1通	
	資本金の額の計上に関する証明書	1通	
	株式移転完全子会社の登記事項証明書	1通	
	株式移転完全子会社の株主総会議事録	1通	
	株式移転完全子会社の株主リスト	1通	
	新株予約権証券提出公告をしたことを		
	証する書面	1通	
	委任状	1通	

＊1　株式移転計画新株予約権があるときは、新株予約権に関する事項を登記する。

＊2　登録免許税は、資本金の額の1000分の7、これによって計算した額が15万円に満たないときは、金15万円である（イ）。

＊3　添付書面の詳細は、後述の参考で確認しよう。

株式移転による変更の登記
（子会社）

株式移転計画新株予約権があるときの株式移転完全子会社の変更登記の申請書。

【申請書】

登記の事由	株式移転
登記すべき事項	株式移転計画新株予約権消滅　　＊1
登録免許税	金3万円（ツ）　＊2
添付書面	委任状　　　　1通　　＊3

＊1　効力発生日に、株式移転計画新株予約権は消滅することとなる（会社法774条4項）。このため、登記すべき事項として、上記のとおり記載する。なお、この場合、No.2-1とNo.2-2の登記は同時に申請する（商業登記法91条2項）。

＊2　登記免許税は、「ツ」の区分で金3万円である。

＊3　完全子会社の変更登記の申請書には、代理人によって申請するときの委任状以外の書面の添付を要しない（商業登記法91条3項）。

🐕 One Point◆ 株式移転の登記

　株式移転をしたときは、株式移転による設立登記を申請します。株式移転完全子会社（以下、完全子会社）については、株式移転計画新株予約権があるときのみ、設立登記と同時に登記を申請することとなります。一方、株式移転計画新株予約権がないときは、完全子会社の株主構成が変わるだけで、登記事項に変更が生じません。この場合、株式移転による設立登記のみ申請することとなります。

参考 株式移転による設立登記の添付書面一覧

株式移転による設立登記の添付書面は、次のとおりである（商業登記法90条、46条等）。問題文の事案に応じて、必要な書面を添付しよう。

1　株式移転計画書

2　設立会社に係る以下の書面

① 定款（公証人の認証を要しない）

② 設立登記に必要な書面

→詳細は、第1編第3章の設立登記の添付書面を参考にしよう。

→新設合併と異なり設立時取締役等の就任承諾書に係る印鑑証明書の添付を要する（商業登記規則61条4項、5項）。

3　完全子会社の手続に係る以下の書面

① 完全子会社の登記事項証明書（作成後3か月以内）

→添付すべき場合や省略できる場合など、株式交換に同じである。

② 株式移転計画の承認機関に応じて、株主総会議事録等及び株主リスト

→株主リストは完全子会社の代表者が作成する。

③ 債権者異議手続に係る書面

→債権者異議手続を要する場合に添付する。

④ 株券提出公告をしたことを証する書面または株式の全部について株券を発行していないことを証する書面

→完全子会社が株券発行会社である場合に添付する。

⑤ 新株予約権証券提出公告をしたことを証する書面または新株予約権証券を発行していないことを証する書面

→株式移転計画新株予約権がある場合に添付する。

4　資本金の額の計上に関する証明書

5　代理人によって申請する場合の委任状

株式交付により、株式交付親会社の登記事項に変更が生じたときの株式交付親会社の変更登記の申請書。

【申請書】

```
登記の事由      株式交付
登記すべき事項   令和何年何月何日次のとおり変更        ＊1
              発行済株式の総数        5000株
              資本金の額    金1億5000万円
            同日次のとおり発行
              新株予約権の名称    第1回新株予約権
              新株予約権の数     100個
              新株予約権の目的たる株式の種類及び数又はその
              算定方法
                普通株式   5000株
              募集新株予約権の払込金額若しくはその算定方法
              又は払込を要しないとする旨
                無償
              新株予約権の行使に際して出資される財産の価額
              又はその算定方法
                金100万円
              新株予約権を行使することができる期間
                令和何年何月何日まで
              新株予約権の行使の条件
                この新株予約権は、○○の場合に行使すること
                ができる。
課税標準金額    金1000万円
登録免許税     金7万円（ニ）        ＊2
添付書面      株式交付計画書          1通
            株主総会議事録          1通    ＊3
            株主リスト            1通
```

226

株式の譲渡しの申込みを証する書面	1通	*4
公告及び催告をしたことを証する書面	2通	*5
異議を述べた債権者はいない		
資本金の額の計上に関する証明書	1通	
委任状	1通	

*1 株式交付親会社の登記すべき事項は、次の事項に変更を生じた旨とその年月日である。
   ① 発行済株式総数の総数並びにその種類及び種類ごとの数
   ② 資本金の額
   ③ 株式交付子会社の株式の譲渡人に新株予約権を発行したときは、新株予約権の登記事項

   なお、株式交付子会社の登記事項に変更が生じることはないため、株式交付子会社で登記をすることはナイ。

*2 登録免許税額は、増加した資本金の額の7/1000であり、これによって計算した額が3万円に満たないときは、3万円である（二）。資本金の額が増加しないときは、金3万円である（ツ）。

   なお、*1の登記と同時に発行可能株式総数など、その他の変更登記を申請するときは、それらの登録免許税額を加算する。

*3 株式交付計画の承認に係る株主総会議事録等を添付する。簡易株式交付をしたときは、取締役会議事録等のほか、その要件を満たすことを証する書面も添付する。

*4 株式交付親会社と、株式交付子会社の株式を譲り渡そうとする者との間で株式の総数譲渡し契約をしたときは、株式の総数譲渡し契約をしたことを証する書面に置き換えよう。

*5 債権者異議手続を要するときは、債権者異議手続に係る書面を添付する。

🐕 One Point◆ 株式交付の登記

　株式会社が株式交付をしたときは、株式交付親会社で何も登記事項が生じない場合があることや、株式交付をした旨が登記事項とならないことは、株式交換完全親会社の登記と変わりありません。ですが、株式交付子会社が株式交付による変更登記を申請することがありえない点が、株式交換の登記との相違であり、株式交付の登記の急所です。

　また、添付書面の一覧は、後述の参考で確認しましょう。

参考 株式交付の登記の添付書面一覧

　株式交付による変更登記の添付書面は、次のとおりである（商業登記法90条の2等）。問題文の事案に応じて、必要な書面を添付しよう。

1　**株式交付計画書**
　→効力発生日を変更したときは、株式交付親会社の取締役会議事録（または取締役の過半数の一致を証する書面）を添付する。

2　**株式の譲渡しの申込みまたは総数譲渡し契約を証する書面**

3　**株式交付計画の承認に関する書面**
　→承認機関に応じて、（種類）株主総会議事録および株主リスト、取締役会議事録等を添付する。

4　**簡易株式交付の場合には、その要件を満たすことを証する書面**
　→簡易株式交付に反対の旨を通知した株主がいるときは、その有する株式数が一定数に達しないことを証する書面を含む。

5　**債権者異議手続を要するときは、債権者異議手続に係る書面**

6　**資本金の額の計上に関する証明書**

7　**代理人によって申請する場合の委任状**

第3編

その他の登記

No.1-1 本店移転の登記
（同一管轄区域内その1）

取締役会設置会社が、同一の登記所の管轄区域内で本店を移転したときの申請書。

【完了後の登記記録例】

会社法人等番号	1234-56-789012	
商　　号	オートマシステム株式会社	
本　　店	東京都A区B町一丁目1番1号	
	東京都A区C町二丁目3番4号	令和何年何月何日移転
		令和何年何月何日登記

【申請書】

```
登記の事由    本店移転
登記すべき事項  令和何年何月何日移転    ＊1
         本店  東京都A区C町二丁目3番4号
登録免許税    金3万円（ヲ）    ＊2
添付書面     取締役会議事録      1通   ＊3
         委任状         1通
```

＊1　同一管轄区域内での本店移転の場合、登記すべき事項として、「年月日移転」と記載する。なお、日付は、現実に移転した日である。

＊2　登録免許税は、本店の数1か所につき、金3万円である（ヲ）。

＊3　本店移転の時期、具体的な所在場所を決定した取締役会議事録（取締役会を設置しない会社の場合は、取締役の過半数の一致を証する書面）を添付する（商業登記法46条2項・1項）。

No.1-2　本店移転の登記
（同一管轄区域内その2）

　取締役会設置会社が、他の最小行政区画内に本店を移転したときの申請書。なお、本店所在地を管轄する登記所には変更がないものとする。

【完了後の登記記録例】

会社法人等番号	1234-56-789012	
商　　号	オートマシステム株式会社	
本　　店	東京都A区B町一丁目1番1号	
	東京都B区C町一丁目2番3号	令和何年何月何日移転
		令和何年何月何日登記

【申請書】

```
登記の事由　　　　本店移転
登記すべき事項　　令和何年何月何日移転
　　　　　　　　　　本店　東京都B区C町一丁目2番3号
登録免許税　　　金3万円（ヲ）
添付書面　　株主総会議事録　　　　1通　　　＊1
　　　　　　株主リスト　　　　　　1通
　　　　　　取締役会議事録　　　　1通　　　＊2
　　　　　　委任状　　　　　　　　1通
```

＊1　登記所の管轄に変更がなくても、他の最小行政区画内に本店を移転するときは定款の変更を伴うため、株主総会の議事録及び株主リストを添付する（商業登記法46条2項、商業登記規則61条3項）。

＊2　移転先の本店の具体的な所在場所、移転時期を決議した取締役会議事録（取締役会を設置しない会社の場合は、取締役の過半数の一致を証する書面）を添付する（商業登記法46条2項・1項）。

本店移転の登記
（管轄外への本店移転　旧所在地宛ての申請書）

　取締役会設置会社が、他の登記所の管轄区域内に本店を移転したときの、旧所在地宛ての申請書。

【旧所在地における完了後の登記記録例】

本　　店	東京都A区B町一丁目1番1号
登記記録に関する事項	令和何年何月何日東京都C区D町三丁目4番5号に本店移転 　　　　　　　　　　　　　　令和何年何月何日登記 　　　　　　　　　　　　　　令和何年何月何日閉鎖

（※）　管轄外への本店移転の登記が完了したときは、旧所在地の登記記録は閉鎖となる（商業登記規則80条1項1号・2項）。

【申請書】

登記の事由	本店移転		
登記すべき事項	令和何年何月何日東京都C区D町三丁目4番5号に本店移転　＊1		
登録免許税	金3万円（ヲ）		
添付書面	株主総会議事録	1通	＊2
	株主リスト	1通	
	取締役会議事録	1通	
	委任状	1通	

＊1　移転後の本店と日付（本店を現実に移転した日）を記載する。

＊2　定款変更に係る株主総会議事録及び株主リスト、移転の時期及び具体的所在場所を決定した取締役会議事録または取締役の過半数の一致を証する書面を添付する（商業登記法46条2項・1項）

No.2-2 本店移転の登記
（管轄外への本店移転　新所在地宛ての申請書）

取締役会設置会社が、他の登記所の管轄区域内に本店を移転したときの、新所在地宛ての申請書。

【新所在地における完了後の登記記録例　一部抜粋】

登記記録に関する事項	令和何年何月何日東京都Ａ区Ｂ町一丁目１番１号から本店移転 令和何年何月何日登記

【申請書】

```
登記の事由      本店移転
登記すべき事項    令和何年何月何日東京都Ａ区Ｂ町一丁目１番１号
             から本店移転　 ＊1
登録免許税      金３万円（ヲ）　 ＊2
添 付 書 面     委任状       1通    ＊3
```

＊1　新本店所在地における本店移転の登記の申請書には、登記すべき事項として本店を移転した旨とその年月日を記載すれば足りる（先例平29.7.3-111）。

＊2　管轄外に本店を移転した場合、新所在地においても、本店移転分として金３万円の登録免許税の納付を要する（ヲ）。

＊3　新所在地宛ての申請書には、代理人によって申請する場合の委任状のみ添付する。その他の書面の添付を要しない（商業登記法51条３項、18条）。

先例

①　新所在地を管轄する登記所に印鑑を提出するときは、旧所在地を管轄する登記所を経由することを要する。この場合、提出する印鑑が、旧本店所在地を管轄する登記所に提出している印鑑と同一であるときは、印鑑届書に押印した印鑑につき市区町村長作成の３か月以内の印鑑証明書の添付を省略することができる（先例令3.1.29-11）。

②　本店の新所在場所と支店の所在場所が同一であっても、その旨の本店移転の登記を申請することができる（質疑登研321P74）。

支店設置の登記

甲登記所の管轄区域内に本店のある取締役会設置会社が、乙登記所の管轄区域内に新たに支店を設置したときの申請書。

【完了後の登記記録例】

支　店	1 　　東京都ＣＤ町１番地	令和何年何月何日設置
		令和何年何月何日登記

【申請書】

```
登記の事由      支店設置
登記すべき事項   令和何年何月何日支店設置
              支店　東京都ＣＤ町１番地
登録免許税      金６万円（ル）    ＊１
添付書面       取締役会議事録        １通    ＊２
              委任状             １通
```

＊１　登録免許税は、設置する支店の数１か所につき金６万円である（ル）。

＊２　支店の設置、移転、廃止は、取締役会設置会社においては取締役会、それ以外の会社においては、取締役の過半数の一致で決定する（会社法348条３項２号、362条４項４号）。このため、本事例では、取締役会議事録を添付する。

No.**4** 支店移転の登記

　甲登記所の管轄区域内に本店のある取締役会設置会社が、乙登記所の管轄区域内にある支店を丙登記所の管轄区域内に移転したときの申請書。

【完了後の登記記録例】

支　店	1	
	<u>東京都Ｄ区Ｅ町一丁目４番５号</u>	
	東京都Ｆ区Ｇ町四丁目５番６号	令和何年何月何日移転
		令和何年何月何日登記

【申請書】

```
登記の事由　　　支店移転
登記すべき事項　令和何年何月何日東京都Ｄ区Ｅ町一丁目４番５号の
　　　　　　　　支店移転　　＊1
　　　　　　　　支店　東京都Ｆ区Ｇ町四丁目５番６号
登録免許税　　　金３万円（ヲ）　　＊2
添付書面　　　　取締役会議事録　　　　　1通　　＊3
　　　　　　　　委任状　　　　　　　　　1通
```

＊1　どの支店が移転したのかを特定するカタチで、このとおり記載する。

＊2　登録免許税は、移転する支店１か所につき金３万円である（ヲ）。

＊3　支店移転を決議した取締役会議事録を添付する（商業登記法46条２項）。

No.5　支店廃止の登記

甲登記所の管轄区域内に本店のある取締役会設置会社が、乙登記所の管轄区域内にある支店を廃止したときの申請書。

【完了後の登記記録例】

支　店	2 東京都Ｃ区Ｄ町１番地	
		令和何年何月何日廃止
		令和何年何月何日登記

【申請書】

登記の事由	支店廃止		
登記すべき事項	令和何年何月何日東京都Ｃ区Ｄ町１番地の支店廃止　＊1		
登録免許税	金３万円（ツ）　　＊2		
添付書面	取締役会議事録	１通	＊3
	委任状	１通	

＊1　どの支店を廃止したのかを特定するカタチで記載する。

＊2　登録免許税は、申請件数１件につき金３万円である（ツ）。支店設置や支店移転と異なり、支店の個数が課税標準になるのではない点に注意を要する。

＊3　支店廃止を決議した取締役会議事録を添付する（商業登記法46条２項）。

Memo

No.1 支配人の選任の登記

取締役会設置会社が、春野弥生を支配人に選任したときの申請書。

【完了後の登記記録例】

支配人に関する事項	何市何町何丁目何番何号 春 野 弥 生 営業所 東京都A区B町一丁目1番1号	 令和何年何月何日登記

【申請書】

```
登記の事由      支配人の選任
登記すべき事項   支配人の氏名及び住所
              何市何町何丁目何番何号     ＊1
              春野弥生
            支配人を置いた営業所
              東京都A区B町一丁目1番1号
登録免許税     金3万円（ヨ）
添付書面      取締役会議事録        1通    ＊2
            委任状            1通
```

＊1 支配人の選任の登記を申請するときは、登記の事由、登記すべき事項のいずれにも日付の記載を要しない。

＊2 取締役会設置会社においては、取締役会の決議で支配人を選任することを要する（会社法362条4項3号）。取締役会設置会社でない会社においては、取締役の過半数の一致によって選任する（会社法348条3項1号）。そのため、取締役会議事録または取締役の過半数の一致を証する書面を添付する（商業登記法45条1項、46条1項・2項）。

No.2 支配人の代理権消滅の登記

　取締役会設置会社の本店に置いた支配人春野弥生が辞任したため、会社がその後任として夏山文月を選任したときの申請書。

【完了後の登記記録例（辞任した支配人のみ）】

支配人に関する事項	何市何町何丁目何番何号 春　野　弥　生 営業所　東京都Ａ区Ｂ町一丁目１番１号	
		令和何年何月何日辞任
		令和何年何月何日登記

【申請書】

```
登記の事由　　　　支配人の代理権消滅
　　　　　　　　　支配人の選任
登記すべき事項　　令和何年何月何日支配人春野弥生辞任
　　　　　　　　　支配人の氏名及び住所
　　　　　　　　　　何市何町何丁目何番何号
　　　　　　　　　　夏山文月
　　　　　　　　　支配人を置いた営業所
　　　　　　　　　　東京都Ａ区Ｂ町一丁目１番１号
登録免許税　　　　金６万円（ヨ）　　＊
添付書面　　　　　辞任届　　　　　　　１通
　　　　　　　　　取締役会議事録　　　１通
　　　　　　　　　委任状　　　　　　　１通
```

＊　支配人の代理権消滅の登記（ヨ区分）と、支配人の選任の登記（ヨ区分）を同一の申請書で申請するときの登録免許税は、それぞれで３万円ずつの合計金６万円である（先例昭42.7.22-2121）。

No.3 支配人を置いた営業所移転の登記

取締役会設置会社が、支配人春野弥生を置いた本店を、同一の登記所の管轄区域内に移転したときの申請書。

【完了後の登記記録例 支配人に関する事項の部分のみ抜粋】

支配人に関する事項	何市何町何丁目何番何号 春 野 弥 生 営業所 東京都A区B町一丁目1番1号	
	何市何町何丁目何番何号 春 野 弥 生 営業所 東京都A区C町二丁目3番4号	令和何年何月何日営業所移転
		令和何年何月何日登記

【申請書】

```
登記の事由     本店移転及び支配人を置いた営業所移転
登記すべき事項
    令和何年何月何日移転
      本店 東京都A区C町二丁目3番4号
    同日東京都A区B町一丁目1番1号の支配人春野弥生を置いた ＊1
    営業所移転
    支配人春野弥生を置いた営業所 東京都A区C町二丁目3番4号
登録免許税     金6万円（ヲ、ツ）   ＊2
添付書面     取締役会議事録      1通
         委任状          1通
```

＊1 登記すべき事項として、本店移転の旨とその年月日に加えて、移転後の支配人を置いた営業所とその年月日を上記のとおり記載する。本店（または支店）移転の登記と、支配人を置いた営業所の移転の登記は、同時に申請することを要するためである（商業登記規則58条）。

＊2 登録免許税は、本店移転分が金3万円（ヲ）、支配人を置いた営業所の移転分が金3万円（ツ）の合計金6万円である。

参考 支配人を置いた本店の移転（管轄外への本店移転）

　支配人を置いた本店を他の登記所の管轄区域内に移転した場合の申請書は、以下のとおりである。急所は、旧所在地宛ての申請と新所在地宛ての申請で、登録免許税が相違することである。この点に注意して、申請書を書いてみよう。

【申請書（旧所在地宛ての申請書）】

```
登記の事由　　　　本店移転及び支配人を置いた営業所移転
登記すべき事項
　　　　令和何年何月何日東京都Ｃ区Ｄ町二丁目３番４号に本店移転
　　　　同日東京都Ａ区Ｂ町一丁目１番１号の支配人春野弥生を置いた
　　　　営業所移転
　　　　支配人春野弥生を置いた営業所　　東京都Ｃ区Ｄ町二丁目３番４号
登録免許税　　　　金６万円（ヲ、ツ）　　　＊
添付書面　　　　　株主総会議事録　　　　　１通
　　　　　　　　　株主リスト　　　　　　　１通
　　　　　　　　　取締役会議事録　　　　　１通
　　　　　　　　　委任状　　　　　　　　　１通
```

＊　登録免許税は、本店移転分が金３万円（ヲ）、支配人を置いた営業所移転分が金３万円（ツ）の合計金６万円である。

【申請書（新所在地宛ての申請書）】

```
登記の事由　　　　本店移転　　＊１
登記すべき事項　　令和何年何月何日東京都Ａ区Ｂ町一丁目１番１号
　　　　　　　　　から本店移転　　＊２
登録免許税　　　　金３万円（ヲ）　　＊３
添付書面　　　　　委任状　　　　１通　　＊４
```

＊１　新所在地宛ての申請書には、登記の事由として本店移転のみ記載すれば足り、支配人を置いた営業所移転の登記を要しない。

＊２　登記すべき事項として、本店移転した旨とその年月日を記載すれば足りる（先例平29.7.3-111）。

＊３　新所在地における登録免許税は、本店移転分として金３万円である（先例平18.3.31-782）。

＊４　代理人によって申請する場合の委任状以外の書面の添付を要しない（商業登記法51条３項、18条）。

取締役会設置会社が、支配人冬原睦月を置いた支店を移転したときの申請書。

【完了後の登記記録例　支配人に関する事項の部分のみ抜粋】

支配人に関する事項	何市何町何丁目何番何号 冬　原　睦　月 営業所　東京都D区E町一丁目4番5号	
	何市何町何丁目何番何号 冬　原　睦　月 営業所　東京都F区G町四丁目5番6号	令和何年何月何日営業所移転
		令和何年何月何日登記

【申請書】

登記の事由　　　　支店移転及び支配人を置いた営業所移転
登記すべき事項
　　　　令和何年何月何日東京都D区E町一丁目4番5号の支店移転
　　　　支店　東京都F区G町四丁目5番6号
　　　　同日東京都D区E町一丁目4番5号の支配人冬原睦月を置いた
　　　　営業所移転
　　　　支配人冬原睦月を置いた営業所　東京都F区G町四丁目5番6号
登録免許税　　　　金6万円（ヲ・ツ）　　＊
添付書面　　　　　取締役会議事録　　　　1通
　　　　　　　　　委任状　　　　　　　　1通

＊　登録免許税は、支店移転分が金3万円（ヲ）、支配人を置いた営業所移転分が金3万円（ツ）の合計金6万円である。

No.5 支配人を置いた営業所を廃止した場合の登記

取締役会設置会社が、支配人冬原睦月を置いた支店を廃止したときの申請書。

【完了後の登記記録例　支配人に関する事項の部分のみ抜粋】

支配人に関する事項	何市何町何丁目何番何号 冬 原 睦 月 営業所　東京都D区E町一丁目4番5号	
		令和何年何月何日支配人を置いた営業所廃止
		令和何年何月何日登記

【申請書】

登記の事由　　　　支店廃止及び支配人を置いた営業所廃止
登記すべき事項
　　　令和何年何月何日東京都D区E町一丁目4番5号の支店廃止
　　　同日東京都D区E町一丁目4番5号の支配人冬原睦月を置いた営業所廃止
登録免許税　　　　金6万円（ツ、ヨ）　　　＊
添付書面　　　　　取締役会議事録　　　　　1通
　　　　　　　　　委任状　　　　　　　　　1通

＊　登録免許税は、支店廃止分で3万円（ツ）、支配人を置いた営業所の廃止による支配人の代理権の消滅の分で3万円（ヨ）で、合計6万円である。

No.1 免責の登記

免責の登記の申請書。

【完了後の登記記録例】

商号譲渡人の債務に関する免責	当会社は令和何年何月何日商号の譲渡を受けたが、譲渡会社である山本商事株式会社の債務については責に任じない。	令和何年何月何日登記

【申請書】

登記の事由	商号の譲渡人の債務に関する免責
登記すべき事項	商号の譲渡人の債務に関する免責
	当会社は令和何年何月何日商号の譲渡を受けたが、譲渡会社である山本商事株式会社の債務については責に任じない。
登録免許税	金3万円（ツ）　　＊
添付書面	譲渡人の承諾書　　　　　1通
	委任状　　　　　　　　　1通

＊ 登録免許税は、申請1件につき3万円である（ツ）。

 One Point ◆ 免責の登記

① この登記は、事業を譲り受けた会社が、譲渡会社の債務を弁済する責任を負わない旨を公示するときに申請する登記です（会社法22条1項、同条2項前段）。
② この登記は、吸収分割の承継会社の変更の登記や、新設分割による設立の登記と同時に申請することもできます（質疑登研675P247、740P27）。会社法22条1項の規定は、会社分割にも類推適用されるからです（最判平20.6.10）。

その他の会社
の登記

No.1-1 代表取締役の氏名抹消の登記 その1

代表取締役の氏名を登記している特例有限会社が、各自代表となったことによる氏名抹消の登記の申請書。

【完了後の登記記録例】

役員に関する事項	何市何町何丁目何番何号 取締役　　　山　本　一　郎	
	何市何町何丁目何番何号 取締役　　　甲　野　太　郎	
	代表取締役　山　本　一　郎	令和何年何月何日会社を代表しない取締役の不存在により抹消
		令和何年何月何日登記
	何市何町何丁目何番何号 監査役　　　乙　野　次　郎	

【申請書】

```
登記の事由　　　代表取締役の氏名抹消
登記すべき事項　令和何年何月何日会社を代表しない取締役の不存在
　　　　　　　　により代表取締役山本一郎の氏名抹消　　　＊
登録免許税　　　金3万円または1万円（カ）
添付書面　　　　株主総会議事録　　　1通
　　　　　　　　株主リスト　　　　　1通
　　　　　　　　委任状　　　　　　　1通
```

＊　特例有限会社においては、会社を代表しない取締役がいる場合のみ、代表取締役の氏名を登記する。このため、No.1-1、1-2の事案で、その氏名抹消の登記をする。

代表取締役の氏名を登記している特例有限会社において、代表権のない取締役が辞任したことによる氏名抹消の登記の申請書。

【完了後の登記記録例】

役員に関する事項	何市何町何丁目何番何号 取締役　　　山　本　一　郎	
	何市何町何丁目何番何号 取締役　　　甲　野　太　郎	令和何年何月何日辞任
		令和何年何月何日登記
	代表取締役　　山　本　一　郎	令和何年何月何日取締役が1名となったため抹消
		令和何年何月何日登記
	何市何町何丁目何番何号 監査役　　　乙　野　次　郎	

第**4**編　その他の会社の登記

【申請書】

> 登記の事由　　　取締役の変更
> 　　　　　　　　代表取締役の氏名抹消
> 登記すべき事項　令和何年何月何日取締役甲野太郎辞任
> 　　　　　　　　同日取締役が1名となったため代表取締役山本一郎
> 　　　　　　　　の氏名抹消
> 登録免許税　　金3万円または1万円（カ）
> 添付書面　　　辞任届　　　　　1通
> 　　　　　　　委任状　　　　　1通

One Point◆ 特例有限会社の監査役

　特例有限会社においては、監査役設置会社である旨及び監査役の監査の範囲を会計に関するものに限定する旨の定めは登記事項ではありません（整備法43条1項）。

有限会社オートマシステムが、オートマシステム株式会社に商号変更した
ときの設立登記の申請書。

【完了後の登記記録例　抜粋】

登記記録に関する事項	令和何年何月何日有限会社オートマシステムを商号変更し、移行したことにより設立 令和何年何月何日登記

【申請書】

登記の事由　　　　令和何年何月何日商号変更による設立　　＊1
登記すべき事項
　　　商号　オートマシステム株式会社
　　　本店　東京都A区B町一丁目1番1号
　　　電子提供措置に関する規定
　　　　当会社は、株主総会の招集に際し、株主総会参考書類等の内容で
　　　ある情報について、電子提供措置をとるものとする。
　　　公告をする方法　官報に掲載してする
　　　会社成立の年月日　平成何年何月何日
　　　目的　1　インテリアショップの経営
　　　　　　2　前号に附帯する一切の業務
　　　発行可能株式総数　4000株
　　　発行済株式の総数　1000株
　　　資本金の額　金1000万円
　　　役員に関する事項
　　　　取締役　山本一郎　　＊2
　　　　取締役　甲野太郎
　　　　取締役　乙野次郎
　　　　何市何町何丁目何番何号
　　　　代表取締役　山本一郎
　　　　監査役　丙野三郎

```
    取締役会設置会社
    監査役設置会社
    登記記録に関する事項
        令和何年何月何日有限会社オートマシステムを商号変更し、移行
    したことにより設立    ＊3
課税標準金額    金1000万円
登録免許税      金3万円（ホ）    ＊4
添付書面        定款                    1通    ＊5
                株主総会議事録          1通
                株主リスト              1通
                取締役及び監査役の就任承諾書  何通    ＊6
                代表取締役の就任承諾書    1通
                本人確認証明書          何通
                印鑑証明書              何通
                委任状                  1通
```

＊1　日付は、商号変更の決議の日である。

＊2　移行による設立の登記をするときは、登記官が、職権で、すべての取締役及び監査役につき、その就任年月日を記録する（先例平18.3.31-782）。このため、申請書に役員等の就任年月日を記載することを要しない。

＊3　登記記録に関する事項として、移行による設立の旨と年月日（登記申請日）をこのとおり記載する。

＊4　登録免許税は、資本金の額を課税標準金額として、その1.5/1000（商号変更の直前における資本金の額を超える資本金の額に対応する部分については、7/1000）、これによって計算した額が3万円に満たないときは、3万円である（登録免許税法17条の3、別表第一-24(1)ホ）。なお、商号変更による通常の株式会社への移行及び資本金の額の増加以外の変更登記を含む場合でも、その変更登記に係る登録免許税額を加算することを要しない。

＊5　商号変更後の株式会社の定款を添付する。この定款については、公証人の認証を要しない。

＊6　移行の際に役員やその他の事項に変更が生じた場合、その変更に係る書面の添付を要する（先例平18.3.31-782）。このため、役員に変更が生じたときは、就任承諾書や本人確認証明書などを添付する。

第**4**編　その他の会社の登記

特例有限会社の商号変更による解散の登記の申請書。

【完了後の登記記録例】

登記記録に関する事項	令和何年何月何日東京都A区B町一丁目1番1号オートマシステム株式会社に商号変更し、移行したことにより解散 <div style="text-align:right">令和何年何月何日登記 令和何年何月何日閉鎖</div>

【申請書】

登記の事由	商号変更による解散
登記すべき事項	令和何年何月何日東京都A区B町一丁目1番1号オートマシステム株式会社に商号変更し、移行したことにより解散
登録免許税	金3万円（レ）　　＊

＊　登録免許税は、「レ」の区分で金3万円である。

One Point◆ 添付書面

代理人によって申請するときの委任状を含め、添付書面は一切不要です（整備法136条22項）。

参考【完了後の登記記録例】

会社法人等番号	1234-56-789012
商　　号	オートマシステム株式会社
本　　店	東京都A区B町一丁目1番1号
電子提供措置に関する規定	当会社は、株主総会の招集に際し、株主総会参考書類等の内容である情報について、電子提供措置をとるものとする。
公告をする方法	官報に掲載してする
会社成立の年月日	平成何年何月何日
目　　的	1　インテリアショップの経営 2　前号に附帯する一切の業務
発行可能株式総数	4000株
発行済株式の総数並びに種類及び数	発行済株式の総数 　　1000株
資本金の額	金1000万円

役員に関する事項	取締役　山本一郎	令和何年何月何日就任
	取締役　甲野太郎	令和何年何月何日就任
	取締役　乙野次郎	令和何年何月何日就任
	何市何町何丁目何番何号 代表取締役　山本一郎	令和何年何月何日就任
	監査役　丙野三郎	令和何年何月何日就任

取締役会設置会社に関する事項	取締役会設置会社
監査役設置会社に関する事項	監査役設置会社
登記記録に関する事項	令和何年何月何日有限会社オートマシステムを商号変更し、移行したことにより設立 　　　　　　　　　　　　　　　令和何年何月何日登記

No.**1** 合同会社の設立登記

合同会社を設立したときの申請書。

【申請書】

登記の事由　設立の手続終了
登記すべき事項
　　　　商号　合同会社オートマ本舗
　　　　本店　何市何町何丁目何番何号
　　　　公告をする方法　官報に掲載してする
　　　　目的　1　和菓子の製造販売
　　　　　　　2　アクセサリーの販売
　　　　　　　3　前各号に附帯する一切の業務
　　　　資本金の額　金500万円
　　　　社員に関する事項
　　　　　業務執行社員　山本商事株式会社
　　　　　業務執行社員　甲野太郎
　　　　　何市何町何丁目何番何号
　　　　　代表社員　山本商事株式会社　　　　＊1
　　　　　何市何町何丁目何番何号
　　　　　職務執行者　山本一郎
　　　　登記記録に関する事項　設立
課税標準金額　金500万円
登録免許税　　金6万円（ハ）　　　＊2
添付書面　　　定款　　　　　　　　　　　　　1通　＊3
　　　　　　　業務執行社員の一致を証する書面　1通　＊4
　　　　　　　代表社員の就任承諾書　　　　　1通　＊5
　　　　　　　登記事項証明書　　　　　　　　1通　＊6
　　　　　　　職務執行者の選任に関する書面　1通　＊7
　　　　　　　職務執行者の就任承諾書　　　　1通

払込みがあったことを証する書面	1通	＊8
資本金の額の計上に関する証明書	1通	
委任状	1通	

＊1　代表社員が法人であるときは、その職務執行者の氏名および住所も登記事項となる（会社法914条8号）。

＊2　登録免許税は、申請件数1件につき、資本金の額の1000分の7、これによって計算した額が6万円に満たないときは6万円である（ハ）。

＊3　持分会社の一般論として、定款には公証人の認証を要しない。

＊4　業務執行社員の一致により、本店の所在場所や互選による代表社員、資本金の額を決定したとき等に添付する。

＊5　業務執行社員の互選により代表社員を定める旨の定款の規定がある場合に、代表社員の就任承諾書を添付する（先例平18.3.31-782）。

＊6　業務執行社員が法人である場合に添付する。ただし、設立する合同会社と、代表社員である法人の管轄登記所が同一であるときは、添付を省略することができる。管轄登記所が同一でない場合であっても、会社法人等番号の記載により添付を省略することができる。

　　登記事項証明書　添付省略

　　（会社法人等番号　1111-11-111111）

＊7　代表社員が法人であるときは、上記の登記事項証明書に加えて、職務執行者の選任に関する書面（取締役会議事録など）、職務執行者の就任承諾書が添付書面となる。

＊8　合同会社の社員は、設立登記の時までに出資の全部の履行を要するため、出資に係る払込みおよび給付があったことを証する書面を添付する（会社法578条、商業登記法117条）。

🐕 One Point♦ 合同会社の登記

　本章では、持分会社のうち合同会社の登記の申請書をご紹介します。合名会社・合資会社の登記は実務でもあまりお見かけすることがなく、記述式試験での出題可能性も低いです（過去30年ほど遡っても出題例がナイ）。一方、合同会社は、近年、平成26年の記述式で組織変更による合同会社の設立が、令和4年には合同会社の社員などに関する登記が出題されています。このため、合同会社の基本的な登記の申請書は書けるように準備をしておくべきでしょう。なお、設立登記の完了後の登記記録例は、第2編第1章の組織変更の **No.1-1** のものを参考にしてください。

社員の加入、退社による登記

合同会社甲（代表社員　甲野太郎）の業務執行社員乙野次郎が、戊野五郎にその持分の全部を譲渡したときの申請書。なお、定款の定めに基づく総社員の同意により、戊野五郎を業務執行社員に選任したものとする。

【完了後の登記記録例】

社員に関する事項	業務執行社員　乙野次郎	
		令和何年何月何日退社
		令和何年何月何日登記
	業務執行社員　戊野五郎	令和何年何月何日加入
		令和何年何月何日登記

【申請書】

登記の事由	業務執行社員の退社及び加入		
登記すべき事項	令和何年何月何日業務執行社員乙野次郎退社		*1
	同日業務執行社員戊野五郎加入		
登録免許税	金3万円または1万円（カ）		*2
添付書面	定款	1通	*3
	持分の譲渡契約書	1通	
	総社員の同意書	1通	*4
	委任状	1通	

* 1　合同会社においては、社員のうち業務執行社員の氏名または名称が登記事項となる（会社法914条6号）。合名会社・合資会社と相違して、すべての社員を登記するのではないことに注意しよう。
* 2　登録免許税は、資本金の額が1億円を超えるときは金3万円、1億円以下のときは金1万円である（カ）。
* 3　本事案では、定款の定めに基づく総社員の同意により業務執行社員を選任したため、定款を添付する。
* 4　持分の譲受けによる加入の場合、加入の事実を証する書面として、持分の譲渡契約書および定款変更に係る総社員の同意書を添付する（先例平18.3.31-782）。

No.2-2 社員の退社による登記

合同会社甲の代表社員である甲野太郎が、その持分の全部を丙野三郎に譲渡したときの申請書。なお、丙野三郎は、業務執行社員に選任されていないものとする。

【完了後の登記記録例（代表社員の部分のみ）】

社員に関する事項	代表社員　甲野太郎	
		令和何年何月何日退任
		令和何年何月何日登記

【申請書】

```
登記の事由    業務執行社員の退社
             代表社員の変更
登記すべき事項  令和何年何月何日業務執行社員甲野太郎退社    ＊1
             同日代表社員甲野太郎退任
登録免許税    金3万円または1万円（カ）
添付書面     持分の譲渡契約書      1通    ＊2
            総社員の同意書       1通
            委任状           1通
```

＊1　本事案では、業務執行社員の退社と代表社員の退任の登記を申請する。丙野三郎は、業務執行社員ではないため、その加入の登記を要しない。

＊2　退社の事実を証する書面として、持分の譲渡契約書および総社員の同意書を添付する。

先例

持分の譲受けによる持分会社の社員の加入の場合において、総社員の同意書の記載から加入の事実が明らかであるときは、持分の譲渡契約書の添付を省略することができる（書式精義下P935、法務局ホームページ）。

→持分の全部譲渡による退社の登記の場合も同様。

合同会社乙（代表社員　乙野次郎）の業務執行社員甲野太郎が死亡し、甲野花子が単独相続した。以下の事実に基づく登記の申請書。
① 合同会社乙の定款には、社員が死亡したときは、その相続人が持分を承継する旨の定めがあるが、業務執行社員の選任に関する定めはない。
② 甲野花子は、業務執行社員として加入した。

【完了後の登記記録例】

社員に関する事項	業務執行社員　甲野太郎	
		令和何年何月何日死亡
		令和何年何月何日登記
	業務執行社員　甲野花子	令和何年何月何日加入
		令和何年何月何日登記

【申請書】

```
登記の事由      業務執行社員の加入及び退社
登記すべき事項   令和何年何月何日業務執行社員甲野太郎死亡
              同日業務執行社員甲野花子加入    ＊1
登録免許税      金3万円または1万円（カ）
添付書面       定款           1通    ＊2
              死亡を証する書面   1通
              委任状         1通
```

＊1　本事案では、業務執行社員の選任に係る定款の定めがないため、甲野花子は業務執行社員として加入する（会社法590条1項）。

＊2　加入の事実を証する書面として、会社法608条1項の定めのある定款を添付する。

参考 定款の定めに基づいて業務執行社員を選任した場合
　業務執行社員の選任に関する定款の定めに基づいて相続人が業務執行社員となったときは、定款、死亡を証する書面に加えて、定款の定めに基づく業務執行社員の選任を証する書面（総社員の同意書など）を添付する。

No.**2**-4 代表社員の辞任の登記

　合同会社乙（資本金の額は1000万円）の代表社員乙野次郎が、代表社員を辞任したときの申請書。なお、合同会社乙の定款には、業務執行社員の互選により代表社員を選任する旨の定めがある。

【完了後の登記記録例】

社員に関する事項	代表社員　乙野次郎	
		令和何年何月何日辞任
		令和何年何月何日登記

【申請書】

```
登記の事由　　　　代表社員の変更
登記すべき事項　　令和何年何月何日代表社員乙野次郎辞任
登録免許税　　　　金１万円（カ）
添付書面　　　　　定款　　　　１通　　　　＊
　　　　　　　　　辞任届　　　１通
　　　　　　　　　委任状　　　１通
```

＊　社員の互選により選任された代表社員は、その代表権を辞することができる。その互選規定の存在を証するため、定款を添付する。

先例

① 定款に業務執行社員に係る任期の定めがある合同会社において、業務執行社員の任期満了後、直ちにその者が業務執行社員に再任されたときであっても、業務執行社員の変更登記の申請を要しない（先例平20.11.21-3036）。

② 持分会社の社員の持分の差押債権者が、会社法609条に基づいて、その社員を退社させたことによる社員の変更登記の申請書には、退社の事実を証する書面として、①持分の差押命令書、②会社およびその社員宛ての退社予告書（事業年度の終了時の６か月前までに退社の予告をした事実が判明するもの）の添付を要する（書式精義下P966）。

No.3-1 新たな出資の履行による加入の登記

　新たな出資により業務執行社員甲野次郎が合同会社戊（資本金の額1000万円）に加入し、その資本金の額が100万円増加したときの申請書。
　なお、事実関係は、次のとおりである。
① 　ある年の12月１日、合同会社戊は、社員の加入による定款変更をした。
② 　同月３日、甲野次郎が出資の履行を完了した。
③ 　同日、100万円全額を増加する資本金の額とする決定がされた。
④ 　合同会社戊の定款には、業務執行社員の選任に関する定めはない。

【申請書】

登記の事由	業務執行社員の加入	
	資本金の額の増加	
登記すべき事項	令和何年12月３日業務執行社員甲野次郎加入	＊1
	同日次のとおり変更	
	資本金の額　金1100万円	
登録免許税	金４万円（ニ、カ）　　＊2	
添付書面	総社員の同意書　　　　　　　　　　　　　1通	
	出資に係る払込み又は給付があったことを	
	証する書面　　　　　　　　　　　　　　　1通	
	業務執行社員の過半数の一致があったことを	
	証する書面　　　　　　　　　　　　　　　1通　＊3	
	資本金の額の計上に関する証明書　　　　　1通　＊4	
	委任状　　　　　　　　　　　　　　　　　1通	

＊1　合同会社の社員の加入の日付は、定款変更の日と出資の履行を完了した日のいずれか遅い日となる（会社法604条３項）。

＊2　資本金の増加分が金３万円（増加した資本金の額の1000分の７、その額が３万円に満たないときは３万円。ニ）、業務執行社員の加入分が１万円（カ）であり、以上を合算した金４万円が、本事案の登録免許税となる。

＊3　業務執行社員の過半数の一致により、増加する資本金の額を決定したことを証する書面を添付する。

＊4　出資の目的が金銭のみであるときは、資本金の額の計上に関する証明書の添付を要しない（先例平19.1.17-91）。

No.3-2 資本金の額の減少の登記

　合同会社戊（資本金の額1500万円、代表社員　戊野五郎）の業務執行社員である甲野三郎が総社員の同意により退社し、その持分の払戻しのために、資本金の額を500万円減少したときの申請書。なお、資本金の額の減少に必要な手続は、適法に行われたものとする。

【申請書】

```
登記の事由      業務執行社員の退社
               資本金の額の減少
登記すべき事項   令和何年何月何日業務執行社員甲野三郎退社
               令和何年何月何日次のとおり変更　　＊1
                  資本金の額　金1000万円
登録免許税      金4万円（カ、ツ）　＊2
添付書面        総社員の同意書                          1通
               業務執行社員の過半数の一致があったことを
               証する書面                              1通　＊3
               公告及び催告をしたことを証する書面        何通　＊4
               異議を述べた債権者はいない
               資本金の額の計上に関する証明書            1通　＊5
               委任状                                 1通
```

＊1　資本金の額の減少の日付は、債権者異議手続が終了した日である（会社法627条6項）。

＊2　登録免許税は、業務執行社員の退社の分で金1万円（カ）、資本金の額の減少の分で金3万円（ツ）の合計金4万円である。

＊3　資本金の額の減少に係る業務執行社員の過半数の一致があったことを証する書面を添付する。

＊4　合同会社の資本金の額の減少には債権者異議手続を要するため、これに関する書面を添付する。

＊5　合同会社の資本金の額の減少による変更登記の申請書には、資本金の額の計上証明書の添付を要する（商業登記規則92条、61条9項）。
　　→株式会社の場合には、資本金の額の計上証明書の添付を要しないこととの比較が重要である（第1編第7章 No.1-1 、 1-2 参照）。

1. 業務執行権付与の登記（令4年）

　総社員の同意により業務執行社員を選任する旨の定款の定めに基づいて、合同会社甲が、社員の甲野一郎を業務執行社員に選任したときの登記の申請書。

登記の事由	業務執行社員の変更		
登記すべき事項	令和何年何月何日業務執行権付与		＊1
	業務執行社員　甲野一郎		
登録免許税	金3万円または1万円（カ）		
添付書面	定款	1通	＊2
	総社員の同意書	1通	
	委任状	1通	

＊1　業務執行社員以外の社員が業務執行社員となったときは、業務執行権付与の登記を申請する。

＊2　定款の定めに基づく総社員の同意により業務執行社員を選任したため、定款および総社員の同意書を添付する。

2. 代表社員である法人の本店移転の登記（令4年）

　合同会社甲の代表社員である株式会社乙が本店を移転したときの登記の申請書。なお、合同会社甲と株式会社乙の管轄登記所は、同一ではないものとする。

登記の事由	代表社員の変更		
登記すべき事項	令和何年何月何日本店移転		
	東京都A区B町一丁目1番1号		
	代表社員　株式会社乙		
	東京都A区C町二丁目3番4号		
	職務執行者　甲野太郎		
登録免許税	金3万円または1万円（カ）		
添付書面	登記事項証明書	1通	＊
	委任状	1通	

＊　法人である代表社員が本店を移転したことを証する登記事項証明書を添付する（商業登記法118条、96条2項、94条2号イ）。また、会社法人等番号の記載により添付を省略することもできる。

3．職務執行者の変更の登記

　合同会社甲の代表社員である株式会社乙の職務執行者である甲野太郎が退任したため、甲野三郎が就任したときの登記の申請書。なお、合同会社甲と株式会社乙の管轄登記所は、同一ではないものとする。

登記の事由	職務執行者の変更		
登記すべき事項	令和何年何月何日次のとおり変更		＊1
	東京都A区B町一丁目1番1号		
	代表社員　株式会社乙		
	東京都B区C町二丁目3番4号		
	職務執行者　甲野三郎		
登録免許税	金3万円または1万円（カ）		
添付書面	登記事項証明書	1通	＊2
	職務執行者の退任を証する書面	1通	
	職務執行者の選任を証する書面	1通	
	職務執行者の就任承諾書	1通	
	委任状	1通	

＊1　代表社員と職務執行者は全体で1つの登記事項であるため、職務執行者のみが代わった場合でも、代表社員である株式会社乙の名称および住所とセットで記載することを要する。

＊2　代表社員が法人であるときに添付すべき書面の三点を添付する（商業登記法118条、97条1項、94条2号）。このうち、登記事項証明書は、会社法人等番号の記載により、その添付を省略することができる。

参考 職務執行者を追加した場合

　現任の職務執行者に加えて、新たに職務執行者を追加で選任したときの登記すべき事項の記載は、次のとおりである。

登記すべき事項	年月日職務執行者就任
	東京都A区B町一丁目1番1号
	代表社員　株式会社乙
	東京都C区D町一丁目2番3号
	職務執行者　甲野四郎

Memo

オートマ実行委員会メンバー

山本浩司 （やまもとこうじ）

大阪生まれ。
Wセミナー専任講師
1年合格コースの最短最速合格者。2WAY学習法を活かし、本試験の出題範囲を効果的に教授する資格試験講師のプロ。講演会活動なども精力的にこなしている。
本書では、全科目の監修、執筆を行っている。

西垣哲也 （にしがきてつや）

名古屋生まれ。TAC名古屋校司法書士講座専任講師。平成19年司法書士試験合格。オートマシリーズをこよなく愛する実行委員。座右の銘は「日進月歩」。合言葉は「いつかはフェラーリ」。

司法書士

やまもとこうじ
山本浩司のオートマシステム
し　けん　で　　　　　　　　　　しゅう　　しょうぎょうとう　き　ほう　　だい　はん
試験に出るひながた集　商業登記法　第5版

2014年11月23日　初　版　第1刷発行
2024年6月26日　第5版　第1刷発行

著　　者　　山　本　浩　司
発　行　者　　猪　野　樹
発　行　所　　株式会社　早稲田経営出版
〒101-0061 東京都千代田区神田三崎町3-1-5
神田三崎町ビル
電話 03(5276)9492(営業)
FAX 03(5276)9027

組　　版　　株式会社　グ　ラ　フ　ト
印　　刷　　日　新　印　刷　株　式　会　社
製　　本　　東　京　美　術　紙　工　協　業　組　合

© Kōji Yamamoto 2024　　　Printed in Japan　　　ISBN 978-4-8471-5157-6
N.D.C. 327

乱丁・落丁による交換,および正誤のお問合せ対応は,該当書籍の改訂版刊行月末日までといたします。なお,交換につきましては,書籍の在庫状況等により,お受けできない場合もございます。
また,各種本試験の実施の延期,中止を理由とした本書の返品はお受けいたしません。返金もいたしかねますので,あらかじめご了承くださいますようお願い申し上げます。

書籍の正誤に関するご確認とお問合せについて

書籍の記載内容に誤りではないかと思われる箇所がございましたら、以下の手順にてご確認とお問合せをしてくださいますよう、お願い申し上げます。

なお、正誤のお問合せ以外の**書籍内容に関する解説および受験指導などは、一切行っておりません。**

そのようなお問合せにつきましては、お答えいたしかねますので、あらかじめご了承ください。

1 「Cyber Book Store」にて正誤表を確認する

早稲田経営出版刊行書籍の販売代行を行っている
TAC出版書籍販売サイト「Cyber Book Store」の
トップページ内「正誤表」コーナーにて、正誤表をご確認ください。

CYBER TAC出版書籍販売サイト
BOOK STORE

URL：https://bookstore.tac-school.co.jp/

2 1の正誤表がない、あるいは正誤表に該当箇所の記載がない ⇒ 下記①、②のどちらかの方法で文書にて問合せをする

① ウェブページ「Cyber Book Store」内の「お問合せフォーム」より問合せをする

【お問合せフォームアドレス】

https://bookstore.tac-school.co.jp/inquiry/

② メールにより問合せをする

【メール宛先　早稲田経営出版】

sbook@wasedakeiei.co.jp

※土日祝日はお問合せ対応をおこなっておりません。
※正誤のお問合せ対応は、該当書籍の改訂版刊行月末日までといたします。

┌─────────〈ご利用時の注意〉─────────┐

　以下の別冊は、この色紙を残したままていね
いに抜き取り、見開きでご使用ください。
　また、抜き取りの際の損傷についてのお取替
えはご遠慮願います。

└─────────────────────────────────┘

別冊の使い方

Step ❶ この色紙を残したまま、ていねいに抜き取ってく
ださい。色紙は、本体からとれませんので、ご注意ください。

Step ❷ 抜き取った用紙を針金のついているページでしっ
かりと開き、工具を使用して、針金を外して、見開きでお使い
ください。針金で負傷しないよう、お気をつけください。

ひながた
書きこみ用
練習シート

▶こちらに引くとこの冊子が取り外せます。

練習シートの使い方

　商業登記のひながた集の書きこみ用練習シートとして、2つのパターンのものを用意しました。必要に応じてコピーした上で、実際に申請情報をボールペンで書いてみてください。

　手順としては、以下のとおりです。

1　申請情報の内容と完了後の登記記録例を確認する

2　申請情報を隠して、完了後の登記記録例を見ながら、練習シートに申請書を書いてみる

3　間違えた部分をチェックする

　このように素振りを繰り返すことで、記述式試験の基礎を身につけていこう。

（付録について）
　商業登記では、区分ごとに登録免許税を加算するため、区分の整理が重要となります。本書では、登録免許税一覧表を用意しましたので、この一覧表を利用して、商業登記の記述式対策の学習に役立ててください。

（内訳の記載の仕方について）

　記述式試験では、登録免許税の内訳の記載を要求されることがあります。以下は、内訳を記載するときの一例です。参考にしてください。なお、「・・・ツ区分」の部分は、「登記の事由」の欄と、「登録免許税の額及びその内訳」欄の対応関係を示しています。実際の答案では書かなくてもよいです。

登記の事由	
商号の変更	・・・ツ区分
募集株式の発行	・・・ニ区分
株式の譲渡制限に関する規定の廃止	・・・ツ区分
取締役会設置会社の定め設定	・・・ワ区分
監査役設置会社の定め設定	・・・ツ区分
取締役、代表取締役及び監査役の変更	・・・カ区分

登録免許税の額及びその内訳		
金１６万円（または１４万円）		
内訳　資本金増加分	７万円	・・・ニ区分
登記事項変更分	３万円	・・・ツ区分
取締役会設置会社分	３万円	・・・ワ区分
役員変更分	３万円（１万円）	・・・カ区分

（付録）　登録免許税一覧表

	登記の区分	課税標準	登録免許税
イ	株式会社の設立の登記（ホ及びトに該当するものを除く）	資本金の額	7/1000（これによって計算した税額が15万円に満たないときは申請件数1件につき15万円）
ロ	合名会社または合資会社の設立の登記	申請件数	1件につき6万円
ハ	合同会社の設立の登記（ホ及びトの登記に該当するものを除く）	資本金の額	7/1000（これによって計算した税額が6万円に満たないときは申請件数1件につき6万円）
ニ	株式会社または合同会社の資本金の増加の登記（ヘ及びチの登記に該当するものを除く）	増加した資本金の額	7/1000（これによって計算した税額が3万円に満たないときは申請件数1件につき3万円）
ホ	新設合併または組織変更もしくは種類の変更による株式会社または合同会社の設立の登記	資本金の額	1.5/1000（新設合併により消滅した会社または組織変更もしくは種類の変更をした会社の当該新設合併、または組織変更もしくは種類の変更の直前における資本金の額として財務省令で定めるものを超える資本金の額に対応する部分については、7/1000。これによって計算した税額が3万円に満たないときは、申請件数1件につき3万円）
ヘ	吸収合併による株式会社または合同会社の資本金の増加の登記	増加した資本金の額	1.5/1000（吸収合併により消滅した会社の当該吸収合併の直前における資本金の額として財務省令で定めるものを超える資本金の額に対応する部分については、7/1000。これによって計算した税額が3万円に満たないときは、申請件数1件につき3万円）

登録免許税の額及びその内訳

添付書面の名称及び必要な通数

練習シート　その１

登記の事由

登記すべき事項

添付書面の名称及び通数

登録免許税の額

練習シート　その２

登記の事由

登記すべき事項

課税標準金額

ト	新設分割による株式会社または合同会社の設立の登記	資本金の額	7/1000（これによって計算した額が3万円に満たないときは、申請件数1件につき3万円）
チ	吸収分割による株式会社または合同会社の資本金の増加の登記	増加した資本金の額	7/1000（これによって計算した額が3万円に満たないときは、申請件数1件につき3万円）
ヌ	新株予約権の発行による変更の登記	申請件数	1件につき9万円
ル	支店の設置の登記	支店の数	1か所につき6万円
ヲ	本店または支店の移転の登記	本店または支店の数	1か所につき3万円
ワ	取締役会、監査役会、監査等委員会、指名委員会等に関する事項の変更の登記	申請件数	1件につき3万円
カ	取締役、代表取締役、特別取締役、会計参与、監査役、会計監査人、指名委員会等の委員、執行役、代表執行役、社員に関する事項の変更の登記	申請件数	1件につき3万円 （資本金の額が1億円以下の会社については、1万円）

ヨ	支配人の選任またはその代理権の消滅の登記	申請件数	1件につき3万円
レ	会社の解散の登記	申請件数	1件につき3万円
ソ	会社の継続の登記	申請件数	1件につき3万円
ツ	登記事項の変更、消滅または廃止の登記(これらの登記のうちイからソまでに掲げる登記に該当するものを除く)	申請件数	1件につき3万円
ネ	登記の更正の登記	申請件数	1件につき2万円
ナ	登記の抹消	申請件数	1件につき2万円

※ 清算人または代表清算人の就任の登記は、申請件数1件につき金9000円、変更の登記は金6000円である(登免別表第一24(3)イ、ニ)。

※ 清算結了の登記は、本店または支店の所在地のいずれにおいても、申請件数1件につき金2000円である(登免別表第一24(3)ハ)。